Gefängnis

oder

Planet der Hoffnung

HOFFNUNG

H immelwärts wird sie gerichtet,
O ffenbart Verborgenes von
F rauen und Männern, die
F rühlingserwachen ersehnen,
N achdem sie in letzter Zeit
U nglück erfahren haben, das sie als
N iederlage interpretieren und sie dann
G ern besseren Zeiten entgegensehen.

von Rudolf Leder
aus Glaube, Liebe, Hoffnung

Günter Skwara

Gefängnis

oder

Planet der Hoffnung

Bibliografische Information der Deutschen Nationalbibliothek:
Die Deutsche Nationalbibliothek verzeichnet diese Publikation in der Deutschen Nationalbibliografie; detaillierte bibliografische Daten sind im Internet über http://dnb.dnb.de abrufbar.

© 2019

Günter Skwara

Bildmaterial:
    Günter Skwara

Herstellung und Verlag:

BoD – Books on Demand, Norderstedt

ISBN: 978-3-7357-4119-6

Inhalt:

Immer wieder, immer öfter erscheinen mir Bildfragmente aus einem meiner vielen früheren Dasein, als Gunar von Atalant. Dieser Gunar entwickelte sich, von einem ziemlich gut angepassten Bürger des Sternenbundes Kabar zum Druidorix der Druiden des TAO.
Mir liegt besonders sein Leben als Druide am Herzen. Gunar erfährt nämlich die Wandlung. Er erkennt sich während der Transformation selbst, als Teil eines sehr viel größeren Selbst im Miteinander der Geistigen Wesen.

Kapitel 01 – **Gefängnisplanet Erde**
>Seite 07

Kapitel 02 – **Die Kristallbatterien**
>Seite 14

Kapitel 03 – **Der Exodus oder die Flucht**
>Seite 27

Kapitel 04 – **Planet Erde**
>Seite 33

Kapitel 05 – **Die Vorbereitungen**
>Seite 37

Kapitel 06 – **Der Krieg im All**
>Seite 40

Kapitel 07 – **Die Seelenfalle entsteht**
>Seite 45

Kapitel 09 – **Die Falle schnappt zu**
Seite 48

Kapitel 10 – **Die Funktion der Falle**
Seite 53

Kapitel 11 – **Bestandteile der Falle**
Seite 57

Kapitel 12 – **Der Asteroid schlägt ein!**
Seite 63

Kapitel 13 – **Entkommen?**
Seite 68

Kapitel 14 – **Gefängnis-Strukturen**
Seite 75

Kapitel 15 – **Der Weg hinaus!**
Seite 83

Kapitel 16 – **Planet der Hoffnung**
Seite 87

Kapitel 17 – **Starte neu durch!**
Seite 95

Kapitel 18 – **Spirituelle Rückführungen**
Seite 96

Gefängnisplanet Erde

Wichtiger Hinweis: Dies schreibe ich für all diejenigen, die diese Lektüre nicht als Hirngespinst abtun, sondern praktischen Nutzen daraus ziehen möchten.

„Die Welt ist ein Gefängnis."

Johann Wolfgang von Goethe
im Götz von Berlichingen

Mir haben sich die Geschehnisse auf dem Planeten Erde im Laufe von etlichen Spirituellen Rückführungen erschlossen. Ich war zwar zu dem Zeitpunkt des Untergangs von Atlantis nicht in dessen Region inkarniert, doch letztendlich hat das Schicksal des Inselkontinents den gesamten Planeten betroffen.

Lasst uns vorab unsere Geschichte in dieser Galaxis aus anderen Blickwinkeln betrachten:

Wir leben in der universalen Konstruktion des „Großen Spiels" und zwar tatsächlich, bei den Spielverläufen des physikalischen Universum, in immer wiederkehrenden Wiederholungen. Was wir als neu wahrnehmen, ist in Wahrheit, auf ähnliche Art und Weise, schon einmal oder sogar viele Male da gewesen. Ich muss deshalb weiter ausholen.

Der wiederholte Blick auf den Eintritt in das Spielgeschehen ist so spannend, weil damit unser Göttlich-Geistiger Ursprung von Mal zu Mal besser erkannt werden kann.

Diese Geschichtsdarstellung ist dabei für Euch entweder ein konkreter Bericht über Geschehenes, eine Wissenschaft von der Vergangenheit oder einfach eine Erzählung mit mehr oder weniger Wahrheitsgehalt.

Lest deshalb auch diese Geschichte wie immer es Euch beliebt.
Eines nur sei angemerkt: Ein sehr großer Teil der erzählten Geschichte beruht auf Erfahrenem und auch für andere erfahrbarem Erleben, aus Spirituellen Rückführungen.

Viele gute Menschen wurden bei vollem Bewusstsein, ohne Drogen und ohne Hypnose, mit der Hilfe eines Spirituellen Rückführers, in ihre eigene Vergangenheit geführt.
Sie durften dadurch entweder Puzzlesteine oder gleich vollständige Bauten zu dieser Geschichte beitragen.

Es war einmal … . Vielleicht sollte ich besser sagen: Wir waren einmal …, doch auch dies ist so nun nicht wirklich wahr, denn nicht alle von uns waren so.
Sprechen wir also von einem Teil von uns, den großartigen Geistern von Atalant, dem Planetensystem in der Tiefe dieser Galaxis.

Ich muss den Begriff der hier gemeinten Geister oder der Geistwesen auch noch schnell ein wenig klarstellen: Ein Geist in diesem Sinne ist vorrangig ein Göttliches Geistwesen, TAO, das energetisch wirkt und sehr, sehr hochwertig und machtvoll ist.

Als solche freien Geister sich erstmals ein wenig mit materiellen Geist-Körpern umgaben, verloren sie bereits etwas von ihrer Kraft.

Doch so manches Geistige Wesen hatte dennoch, über lange Zeit hinweg, immer noch genügend Power, um dem Spielgeschehen in diesem physikalischen Universum seine schöpferischen Vorstellungen „einzuprägen".

Im Anbeginn waren wir nämlich alle voller Göttlicher Mystik und beherrschten die machtvolle Magie einen geistigen Kosmos zu erschaffen. Diesen Kosmos erschufen wir entweder individuell oder gemeinschaftlich.

Hätten wir uns weniger auffällig und weniger strahlend gezeigt, niemand von den Anderen wäre je auf uns aufmerksam geworden.

Wie wir nämlich mittlerweile wissen, waren diese Anderen ursprünglich Wesenheiten die als Eindringlinge aus einem uns vormals fernen Universum kamen. Irgendwie gerieten die Universen aneinander und ein Portal ermöglichte den Übertritt der Fremden.

Die Invasoren nutzten eine uns total fremde Denk-Sphäre, mit einer Art Weltsicht, in der ihre Technik und hauptsächlich technische Abläufe das Leben bestimmten (doch das ist eine andere Geschichte).

Jedenfalls brauchten diese Fremden für ihre technischen Errungenschaften gewaltige Energiemengen. Wir Geistwesen kamen ihnen gerade recht. Sie erkannten nämlich nicht, dass sie es mit Wesenheiten zu tun hatten.

So beuteten die Fremden uns als Energiespender regelrecht aus.

Damit konnten sie dann ihre Technik am Laufen halten. Ihre Roboter, Raumschiffe, ganze Raumstationen wurden von uns, den Geistigen Wesen, unfreiwillig mit Energie versorgt.

Später, in der Wiederholung der Ereignisse, erlebten wir, die wir uns jetzt als Atalanter bezeichneten, ein Geschehnis ähnlicher Art.

Es war fast genau so wie jenes, vor Beginn unserer Zeitrechnung, durch die Invasoren.

Hier stelle ich nun ein paar Ereignisse dar, die sich noch relativ nah an unserer Gegenwart befunden haben, vor zirka 230.000 Jahren und noch etwas näher.

Das uns bis dahin noch fremde System des Verbundes von Kabar expandierte gerade.

Es dehnte seinen Machtbereich aus, indem es andere Völker durch ihre kampftechnische Überlegenheit „überzeugte" dem Verbund beizutreten.

Der Verbund wurde damals „diktokratisch" regiert, also extrem diktatorisch und bürokratisch, von einigen wenigen machtgierigen Herrschern.

Deren unterdrückerischer Führungsstil war in einer von ganz weit oben bis nach tief unten gerichteten Pyramidenstruktur, mit einer hierarchischen Organisation, durch und durch von Machtmissbrauch, Willkür und Bürokratie geprägt.

Die Kreativität und verbessernde Veränderungen waren in dieser Gesellschaft verpönt.

Wir besonders schaffensfreudigen, von geistigen Prinzipien überzeugten Wesenheiten, zogen diese Andersartigen an wie das Licht die Motten.

Aber anstatt sich an uns die Flügel zu verbrennen, entweder tot umzufallen oder einfach auf Nimmerwiedersehen zu verschwinden, vermochten diese "Motten" uns zu beeindrucken, mit ihrem speziellen Wissen und Können.

Für diese Kerle waren wir wahrhaftig einfältig und dumm genug und auch leicht zu beeindrucken, in unserer Vertrauensseligkeit sowie in unserer Neugier.

Deren hochwertig anmutende, großartige Technikwelt, mit einem ausgeprägten Reichtum an allerlei „Tricks", erschien uns sowohl fremdartig als auch zugleich irgendwie anziehend.

Diese Kerle versprachen uns auch noch das „Blaue vom Himmel", wenn wir uns auf ihre irrwitzigen Behandlungsmethoden einließen.

Unser ursprünglich machtvolles, noch immer vorhandenes, geistig-magisches Kraftpotenzial würde dadurch angeblich in das Unermessliche anwachsen. Wir wären danach die tollsten Burschen im bekannten Universum.

Die waren wir zwar sowieso. Aber aus heutiger Sicht verhielten wir uns einfach ziemlich naiv. Wir ließen uns verwirren und einlullen.

Die Truppe der, aus der Weite des Raumes auftauchenden, Fremdlinge verfügte unter anderem über mondgroße Raumstationen und gigantische Raumschiffe.

Allein dies beeindruckte uns schon ziemlich stark und regte unsere Neugier an.

Besonders Mutige näherten sich diesen Riesen in ihren winzigen Einmann-Raumgleitern (auch schon so technisches Zeug), fast völlig ohne Angst und mit enormem Forscherdrang.

Im nahen Weltall wurden dadurch einige von unseren Besten, mit enorm starken Traktorstrahlen eingefangen. In den riesigen Weltenschiffen wurden sie mit den Maschinerien „behandelt", damit durch den Wolf gedreht.

Sofort brach auch der bis dahin aufrecht erhaltene telepathische Kontakt ab.

Die große Masse von unserer Rasse trickste man allerdings mit planetenweit verbreiteten, technischen Gerätschaften auf all unseren Heimatplaneten aus.

Jene steckten uns, wie auf dem Fließband, im Schnellverfahren, in Kabinen mit angeblich ganz tollen Möglichkeiten. So überwältigten die Kerle uns. Wir waren schon verloren, bevor wir noch recht zum Nachdenken kamen.

Bei dieser angeblich so wirkungsvollen Maßnahme setzten sie uns eng anliegende Hauben auf den Kopf und verpassten unseren Gehirnen elektrische Schocks, die unser hohes Bewusstsein schlagartig lahmlegten.

Im wahrsten Sinne des Wortes wurden wir ausgebrannt. Vielleicht kommt daher der Begriff „Burnout-Syndrom", dem wahrscheinlich nicht erst die modernen Menschen verfallen.

Auf diese Art und Weise machte man uns jedenfalls geistig klein und unfähig.

Unser damals völlig anders entwickeltes, kosmisch besser angebundenes Gehirn nahm den gesamten oberen Kopfraum ein.

Zu jener Zeit war es der heutigen Zirbeldrüse ähnlich. Es wurde mittels grellem Licht und Elektrizität auf ein Minimum geschrumpft.

Wir verloren, ruckzuck und noch ein Zuck, sowohl unsere Intelligenz als auch unsere gesamten magischen Fähigkeiten und letztendlich das Bewusstsein.

Die Eindringlinge brachten die meisten von uns ganz fix, damit die Freunde nicht gewarnt werden konnten, direkt in ihre Raumschiffe.

Von nun an begann das Martyrium. Ganz so, wie vor langer Zeit schon einmal.

Mittels elektrischer Energiefelder versetzte man uns damals in einen Zustand völliger Verwirrung und Abhängigkeit.

Immer wieder, bis her zur Gegenwart, hat man ähnliche Sklaven aus uns geschaffen.

Der Einsatz von Alkohol und anderen Drogen, operative Eingriffe und allerlei Foltermethoden, die ich Euch hier ersparen will, hält eine Vielzahl von Menschen „klein" und unfähig. Auch Energiefelder spielen bis heute eine nicht unerhebliche Rolle.

Die Kristallbatterien

Was mochte denn der Grund für diese Fangaktion sein?

Die pervers klingende Antwort war deckungsgleich mit dem schon einmal Erlebten.

Wir vermochten immer noch etwas höchst Wichtiges: So konnten wir doch tatsächlich, aus uns selbst heraus, eine Menge Energie erzeugen.

Wieder einmal wurden Geistige Wesen als Energiequellen nutzbar gemacht.

Mit dieser Energie konnten diesmal die Kabarer, wie sich die Fremden in ihrem Verbund nannten, ihre Schiffe und vielerlei weitere technische Spielereien zum Laufen bringen.

Mit einem Unterschied: Diesmal nahm man uns, so ganz nebenbei, auch als lebendige Wesen wahr. Diesmal gab es keinerlei moralische Entschuldigung. Wir wurden jetzt bewusst versklavt.

Im Gegensatz zu den Anfängen des „Großen Spiels", als die Invasoren unser wahres Sein noch nicht oder nicht mehr wahrzunehmen vermochten.

Die Technikfreaks der alten, ursprünglichen Art, jene Fremden aus dem anderen Universum, haben sich meines Wissens nicht nur in unserer Milchstrasse, dieser unserer Galaxis, angesiedelt und weithin ausgebreitet.

Sie gründeten ihre eigenen Zivilisationen und steckten uns, TAO-Wesen, mit dem Können der technischen Errungenschaften immer mehr an.

Kabar war vom Glauben an die Technik bis in Mark infiziert.

Diese technisch versierten Kabarer konnten, mit unserer zur Verfügung gestellten Energie, auch bio-mechanische Hightech-Roboter betreiben. Sie agierten fast wie die Gerätschaften, genannt Fleischkörper.

Ja, Ihr habt richtig gelesen, selbstverständlich sind auch die Fleischkörper nichts anderes als Geräte. Diese Dinger sind nämlich nicht viel anders als jene anderen Robots, nur vielleicht ein bisschen besser zu handhaben.

Mir selbst wurde im Verlaufe einer Spirituellen Rückführung klar, dass ich ebenfalls schon einmal als eine robotische Einheit unterwegs war.

Es wurde mir erst bewusst, als ich, nach einem Defekt, in der dafür vorgesehenen Reparaturwerkstatt, wieder auf die Beine gestellt wurde. Dort gab es übrigens eine ganze Menge von uns.

Die fleischlichen Körpereinheiten funktionierten jedoch wesentlich besser als geradezu fesselnde Falle. Sie waren weitaus effektiver als die technisch erstellten Geräte.

Die Empfindungen eines Fleischkörpers kommen nämlich dem Erleben Geistiger Wesen ziemlich nahe.

Das Spüren und Fühlen von solchen Körpern ist zwar wesentlich primitiver angelegt, denn es funktioniert praktisch ausschließlich über elektrische Phänomene, aber wir TAO-Geistwesen können uns verdammt gut damit identifizieren.

Eben deshalb verbinden wir uns noch heutzutage so furchtbar gerne, mehr oder minder selbstbestimmt, mit genau diesen bio-energetischen Maschinerien.

Nun ja, auch unsere damaligen Peiniger hantierten mit ähnlichen Gerätschaften und steckten letztlich überwiegend in den gleichen Einheiten fest.

Mittlerweile sind auch wir Atalanter sogar immer mehr dem verhängnisvollen Irrtum verfallen, nicht viel mehr als gerade diese Fleischkörper zu sein. Die Identifikation damit gelang uns leider sehr gut und vollständig.

Doch weiter im Text:

Nachdem man die arg gemarterten Atalanter total verwirrt hatte, entnahm man ihnen tatsächlich das Wesentliche, nämlich: Das bewusste Sein, die erschaffende TAO-Seele, die wir im Eigentlichen noch heute sind.

Die gefangenen Atalanter, beziehungsweise die Seelen, wurden energetisch mit heftigen Druck- und Sogstrahlen gepackt.

Sodann presste man sie in eine Art Kristallbatterie. Dort wurden sie irgendwie abgespeichert und konserviert, praktisch eingetopft.

Ab diesem Vorgang konnten uns diese kabarischen Perverslinge herausholen und benutzen wann immer sie wollten und wofür sie uns auch immer brauchten. Für diese Leute war das alles ganz normal.

Andere Kristallapparaturen wurden gezielt genutzt, um unsere frei gewordenen Energien aufzufangen und ebenso zu speichern. So wurden diese zum Einsatzort befördert.

Zusammen mit etlichen irgendwie einem Menschen ähnlichen Lebensformen tummelten sich auch Nichthumanoide in den Raumschiffen und auf den Planeten des „Bund von Kabar".

Neben den Menschen gab es Echsen, Reptilien, Insekten und sogar pflanzliche Intelligenzen. Auch Vögel sowie Schweine und Hunde- oder Katzenartige tummelten sich im Verbund.

Dies konnte ich über ziemlich viele Spirituelle Rückführungen in Erfahrung bringen.

In dieses galaktische Großreich der Kabarer, wurde auch das nun entvölkerte Sonnen-System des ehemals atalantischen Volksstammes zwangsweise eingebunden.

In dem Bund der Kabarer benutzte man uns Atalanter, die zur Energieerzeugung ach so fähigen Wesen, für unterschiedlichste Aufgaben.

Unsere Seelen-Energie fand Einsatz sowohl in gigantischen Anlagen, als auch für alle Arten von Raumschiffen sowie für einzelne Roboter, mit spezialisierten Aufgabengebieten, jedoch ohne eigene Entscheidungsfähigkeit.

Oder kennt Ihr einen Kernreaktor, der mitreden darf, wofür er gerade genutzt werden soll?

Denn nicht nur als wertvolle Energiespender für die nun allerorts vorhandenen Körpereinheiten, robotisch oder biologisch wurden wir eingesetzt.

Auch ermöglichten wir den Herrschenden die Schaffung der Voraussetzungen für eine besonders willige oder eher willenlose Armee von Nutzsklaven. Die Seeleneinheiten wurden nämlich gezwungenermaßen direkt in Roboter und dergleichen eingesetzt.

Die Kabarer hatten uns dermaßen dumm und unfähig gemacht, dass wir auch ausgezeichnet als furchtbar einfache Befehlsempfänger dienten.

Sobald es dennoch einigen von den Atalantern gelang aufzubegehren, wurden die wirksamen Foltermaschinerien, über die Jahrtausende hinweg, den sich ändernden Kräften und Bedingungen angepasst.

Doch es gab da etwas sehr wichtiges, was unseren Sklavenhaltern offensichtlich fremd war: Mystisch, magische TAO-Seelen konnten in dem psychischen Dasein niemals vollständig gefangen bleiben. Es war also nur möglich, Anteile der erzeugten Energie, über eine gewisse Zeit zu binden.

Je intensiver gezielt die Aufmerksamkeit einer Seele auf einen bestimmten Vorgang ausgerichtet war, desto mehr Energie konnten die Burschen dadurch ziehen.

Durch die raffinierten, überwiegend elektrischen Foltermethoden entlockte man den Seelen ihre Energien über die Emotionen Schmerz, Zorn oder Wut.

Ausgebrannte, unnütz gewordene Seelen-Batterien wurden am Ende vernichtet. Sie wurden in einen Schmelzofen entsorgt, der in hellem, heißen Licht erstrahlte.
Diese Vernichtungsaktion schlug für uns, unzerstörbare, unsterbliche TAO-Seelen, aber glücklicherweise total fehl. Aus heutiger Sicht war dies voraussehbar.

Die Geistigen Wesenheiten können nämlich weder zerstört noch getötet werden. Es war also genau wie in früheren Zeiten.
Auch damals herrschte schon die ähnliche Vorstellung, wie man uns loswerden wollte.
Unsere alten Unterdrücker haben offenbar zwischenzeitlich nichts dazugelernt.

Sobald nämlich auch die einst „leeren" Seelen auf diese Art eine erzwungene Ruhepause erhielten, begannen sie sich zu erholen.

Unsere Kraft kehrte im Lichte der Konverter zurück. Die Vorstellung eines stärkenden Lichtes ist zwar ein Trugschluss, aber immerhin konnten wir flüchten und unseren eigenen Weg gehen.
Diese Art und Weise von „Weg ins Licht" ist deshalb noch heute, unser vorgeblich hoffnungsvoller Ausweg aus dem Todesdilemma. Im Licht finden wir angeblich die Erlösung.

Die Duplizität der geschichtlichen Ereignisse setzte sich jedenfalls fort.

Auch wir Atalanter wurden wieder zu freieren Wesen und taten nun das, worauf wir von den ehemaligen „Herren" über etliche Jahrtausende getrimmt worden waren.

Wir übernahmen nun selbständig Roboter, Maschinerien und Körper.

Jetzt agierten wir allerdings auch außerhalb der Sklaven-Armee und natürlich ohne die unterdrückerische Befehlsgewalt, unter dem Einfluss unserer Peiniger.

Die einstmals freie Existenz, als ungebundene Geistwesen, war den meisten von uns mittlerweile sowieso fremd geworden.

Jedenfalls begannen sich mit der Zeit die verschiedenen frei gewordenen Seelen-Einheiten, im Planetenverbund der Kabarer auszubreiten. Mit den „illegal" übernommenen Lebenseinheiten mischten die atalantischen Rebellen den Verbund regelrecht auf.

Neues, damit total ungewohntes Denken und Handeln machte sich sodann im Laufe der nun folgenden Jahrtausende breit.

Wie eine sanfte Brise entwickelte sich die frische Geisteshaltung der aufrührerischen Leute, die heute wir sind.

"Die Geister, die sie riefen ..." wurden die herrschenden Kabarer nun erst einmal nicht mehr los, wunderbar aufmüpfig, den bisherigen, viel zu strengen Regeln zuwider handelnd.

Eigene, auf Freiheit gerichtete Regeln wurden erschaffen.

Dies waren unsere, von uns selbstbestimmt geschaffene, neue Merkmale.

Deshalb jagte man uns selbstverständlich. Die Spezialeinheiten fingen uns auch ab und zu wieder einmal ein.

Entweder zerstörten sie die von uns übernommenen Maschinerien oder sie töteten ganz einfach unsere Körper.

Sobald jene Schergen uns isoliert hatten, schleuste man uns erneut in die übliche Prozedur zur Energiegewinnung, allerdings mit fortwährend weniger und weniger Erfolg.

Nichts änderte dieses Vorgehen auch daran, dass wir immer und immer wieder erschienen. Schließlich lernten auch wir dazu.

Zumindest für uns war dies alles kein Wunder, denn wir Selbst, als die Seelen, sind nun einmal nicht zerstörbar.

Die ständige Reinkarnation, unsere körperliche Wiedergeburt, vollzog sich seit der Gefangenschaft entsprechend dem Regelwerk zum Überleben, das jene Kerle unfreiwillig unserem Verstand eingeimpft hatten.

So hatten die Unterdrücker nicht damit gerechnet, was sie wirklich in Gang setzen würden. Denn sie hatten anfangs keine Ahnung, wie bewusst wir trotz allem vorgehen konnten.

Nach einem jeweiligen Tod nahmen wir uns fast regelmäßig einen neuen Körper, nunmehr weitgehend einen der eigenen Wahl. Mittlerweile geschah dies, wie bereits erwähnt, außerhalb der Kontrollmechanismen.

Selbst, wenn die Kabarer uns Millionen Male diesen unsere hochwertige Energie absaugenden Maschinerien ausgesetzt hätten, wir wären immer wieder, wie der berühmte Vogel Phönix, aus der Asche neu erstanden.

Lediglich unser Verstand, das energetische Konstrukt, ein Denkapparat, den wir mit durch all die Zeiten bewegt haben, litt bei diesen Aktionen. Denn nur er konnte dauerhaft verwirrt werden und nur er konnte mit Einpflanzungen besetzt werden.

Ähnlich den heutzutage allgemein bekannten Computerviren waren diese schlimmen, uns zumeist nicht bewussten, jedoch unerhört wirksamen Manipulationen belastend.

Damit hatten sogar auch wir, die TAO-Seelen, ein Problem.

Wir erkannten zwar was los war, konnten aber so gut wie nichts dagegen tun. Wir vermochten es nicht, den Verstand selbst zu reinigen. Diese Einpflanzungen waren nicht so einfach von der „Aufzeichnungsplatte" zu wischen.

Dem Verstand wurde nämlich gleichzeitig eine gewisse Notwendigkeit zur Aufrechterhaltung jener Viren mitgegeben. Denn angeblich dienen sie dem Überleben jedes einzelnen sowie der jeweiligen Art.

Deshalb leben wir Menschen bis heute mit solchen Einpflanzungen, werden von den „Implants" beeinflusst und klein gehalten.

Zwei dieser hinterhältigen Implants werden besonders offensichtlich beobachtbar, trotzdem umso nachhaltiger, nämlich:

1) **„Andere ins Unrecht setzen!"** und
2) **„Mitleid empfinden!"**

Beide könnten wir als bewusste TAO-Wesen relativ leicht unter Kontrolle halten, wenn wir uns dessen tatsächlich bewusst wären. Wir würden dann in unserer Umgebung die Wirkungsweisen dieser Einpflanzungen deutlich wahrnehmen.

Gegenseitige Beschimpfungen mit allerlei Schuldzuweisungen brechen immer wieder, wie aus heiterem Himmel, über Menschen herein. Schuld und Schulden sind Erscheinungsformen der Anweisung: „Andere ins Unrecht setzen!"

Mit tiefgreifenden Schuldbegriffen arbeiten fast alle Religionen. Dort spricht man von Sünden, sogar von einer Erbsünde.

Die Bevölkerung in Schulden mit überhöhten Zinsen zu verstricken ist das Bestreben von so genannten Kreditinstituten. So lässt man die Menschen sich in ihrem Sklaventum abrackern.

Konnten die Leute dem Schuldenberg nicht gerecht werden, wurden sie in früheren Zeiten gefoltert, etwa auf die Streckbank gebunden, und schließlich eingekerkert. Heute kommen die Vollstrecker zwar auf andere Art und Weise, bei manchen Schuldenarten droht aber immer noch das Gefängnis.

In allen Fällen wird ganz klar der Würde all der betroffenen Menschen nicht Rechnung getragen. So heißt es zwar im Artikel 1 des Grundgesetzes für die BRD: „Die Würde des Menschen ist unantastbar.", doch dies wird dem Implant untergeordnet, der befiehlt: „Andere ins Unrecht setzen!"

Anstatt die Würde zu achten und zu schützen, wie es geschrieben steht, also hinreichend Hilfe zu bieten, verletzt eben dieser Staat mit allen zugeordneten Institutionen seine Bürger. Wohl um sie klein zu halten!?

Die Mitleidseinpflanzung zielt in die gleiche Richtung. Auch hierbei geht es darum die Menschen klein zu halten. Denn, wer intensiv Mitleid empfindet leidet wirklich mit. Manche versinken regelrecht im Leid der anderen.

Jetzt muss ich erst einmal klarstellen, was ich als Mitleid einstufe. Es geht nicht um das sinnvolle Mitgefühl, nicht um ein Miteinander, um ein Problem zu lösen. Mitleid ist ausschließlich ein emotionaler Absturz ins Leiden, nicht einmal ins eigene.

Als Beispiel fällt mir ein: Wenn sich ein Rettungsschwimmer von dem Hilfsbedürftigen runter ziehen lassen würde, wäre er die längste Zeit ein Retter gewesen. So muss er sogar Befreiungsgriffe und -techniken lernen, um selbst überleben zu können.

Der Mitleidsfaktor wurde uns in den ansonsten ausgezeichnet funktionierenden Verstand eingepflanzt, um Verwirrung zu stiften. In diesem Modus haben selbst TAO-Seelen Schwierigkeit sich ganz zu distanzieren. Dadurch wird uns immerhin vorgegaukelt, dass wir als Helfer aktiv werden sollten.

Um unseren Spielgeist aufrecht zu erhalten machte es mehr als nur Sinn, diesen Einpflanzungen nicht zu erliegen. Wir mussten sie bewusst machen und uns geistig darüber stellen.

Immerhin ...
wir überlebten jegliche Unterdrückung!

Mit der Zeit organisierten wir Atalanter uns, unter der hilfreichen Anleitung von Druiden des TAO.

Die Druiden des TAO konnten sich leichter erneuern, weil sie Kontakt zu freien Wesenheiten der alten Art bekamen.

Diese Geistwesen statteten sie mit dem nötigen Wissen aus, wie sie selbst entkommen und auch uns aus dem Joch der kabarischen Herrscher herausholen konnten.

Die Basis für unser künftiges Wirken bildete fortan unser altes, bald wieder neu gestaltetes Heimatsystem Atalant.

Alte Seeleneinheiten siedelten sich an, in erneuerten, noch menschlicheren Körpern.

Wir rebellierten und bekämpften vehement die widerwärtige Art der Gewinnung von Energie, aus den Kräften von Seelen.

Dadurch zogen wir allerdings nur noch mehr die Aufmerksamkeit und vor allem den Hass der Herrschenden auf uns.

Allerdings waren wir, gemeinsam mit den Alten Wesen, machtvoll genug, um sogar dem „Bund von Kabar" paroli bieten zu können.

Es gelang uns tatsächlich, für alle unsere TAO-Seelen die Freiheit zu erwirken.

Die Kabarer griffen nun erst mal auf die älteren, weniger effektiven Techniken zurück.

Doch auch wir waren nicht untätig. Wir entwickelten für sie andere, unserem Einsatz fast gleichwertige Wege zur Energiegewinnung.

Dennoch, der Aufstand der Atalanter wirbelte das System des Bundes von Kabar gehörig durcheinander.

Die über sehr lange Zeit, festgefügten Macht- und Denkstrukturen der Kabarer mussten sich gezwungenermaßen erweitern.

Neuerungen wurden von nun an zwangsläufig zugelassen und auch die Herrschaftsstrukturen erhielten anfangs neue Anstöße.

Jedoch entwickelte sich all dies keineswegs positiv, hin zu mehr Offenheit.

Im Gegenteil, die bürokratisch angelegte Einengung verstärkte sich. Mehr Kontrolle und noch mehr Überwachung waren die Folge.

Es entsprach absolut nicht unserer Art, wie wir leben wollten.

Deshalb entschloss sich ein Teil unseres Volkes, nach ziemlich langer Zeit eines sinnlos gewordenen Widerstandes, das Herrschaftsgebiet des Bundes von Kabar zu verlassen, um irgendwo völlig neu zu beginnen.

Der Exodus oder die Flucht

Nach jahrhundertelangen Querelen wurde der herrschenden Elite von Kabar unser Verhalten und unsere Lebensweise zu bunt.

Sie drohten unser gesamtes System auszulöschen, wenn wir uns nicht den allgemeinen Vorgaben beugen würden.

Den Druiden des TAO gelang es abermals, mit Hilfe einer Alten Wesenheit, eine für uns brauchbare Abänderung zu bewirken.

Die kabarische Führung lenkte seltsamerweise ein und nahm den Vorschlag der Druiden des TAO an: Nach einer geheimen Abstimmung unter allen Atalantern sollten diejenigen bleiben dürfen, die sich anpassen wollten.

Den übrigen wurde tatsächlich eine ziemlich gut ausgestattete Flotte von Raumschiffen zur Verfügung gestellt, damit sie Atalant verlassen konnten.

Die entscheidende Bedingung war: Die weiterhin Aufmüpfigen mussten sich weit aus dem unmittelbaren Einflussbereich des „Bundes von Kabar" hinaus begeben.

Die überwiegende Anzahl der Atalanter verblieb im Planetensystem. Eine riesige Armada machte sich dennoch auf den Weg.

Die Druiden des TAO teilten sich auf. Ein Teil des Ordens betreut noch heute die atalantische Bevölkerung.

Etliche begleiteten allerdings die Auswanderer, um abseits des „Bundes von Kabar" einen neuen Orden zu gründen.

Auch wollten sie die Flüchtlinge nicht im Regen stehen lassen, ihnen auch weiterhin hilfreich zur Seite stehen.

Der ursprüngliche Plan bestand darin, die Galaxis ganz zu verlassen.

Zu diesem Zweck begab sich die Raumflotte an dessen Rand, zu einem Planetensystem, das schon öfter als Sprungbrett zu fernen Welten, zu anderen Galaxien, diente.

Dieses System war Sol. Hier traf sich das halbe Universum (bildlich gesprochen) zum Stelldichein.

Einige Planeten des Sol-Systems wurden unregelmäßig besucht, um dort eine Art Urlaub zu verbringen.

Dafür eigneten sich besonders drei der bewohnbaren Planeten: In erster Linie die Venus und die Erde und eventuell der Tiamat.

Ein solches System am Rande der Galaxie lag für unsere Zwecke ausgesprochen günstig. Eigentlich hatten wir dennoch keineswegs vor, uns speziell auf Planet Erde für längere Zeit niederzulassen.

Nachdem es das Sprungbrett aus der Galaxis hinaus war, wäre unser nächster Schritt gewesen, bei entsprechender Vorbereitung, die Weiterreise zu ferneren Sternen anzutreten.

Doch: „Erstens kommt es anders und zweitens als man denkt."

Das Sonnensystem Sol, mit allen seinen Planeten und Monden, wurde bei unserer Ankunft von einer Rasse beherrscht die sich Anunnaki nannte.

Deren Heimatplanet, der Nibiru, vollzog eine lang gestreckte Ellipse im System, mit einer Umlaufzeit von 3.600 Erdenjahren.

In der gesamten Zeit war dieser Planet jedoch keineswegs tot.

Die Anunnaki hatten eine faszinierende Überlebens-Technik entwickelt: Mit Goldstaub in der Atmosphäre nutzten sie die Eigenenergie des Planeten, hielten so seine Wärmestrahlung auch noch in den Tiefen des All aufrecht.

Außerdem wohnten und arbeiteten diese Anunnaki überwiegend in Hohlräumen unter der Oberfläche des Nibiru.

Das dafür benötigte Gold bauten sie auf den übrigen Planeten des Sol-Systems ab. Besonders ergiebig und daher sehr wichtig waren ihnen hierbei die Planeten Tiamat und die Erde.

Tiamat existierte damals noch. Er war bewohnt, sehr dicht besiedelt. Später sollte er als Trümmerfeld die Sonne umkreisen.

Außenstationen und Stützpunkte befanden sich auf der Erde, im heutigen Gebiet des nahen Ostens und in Afrika. Ebenso auf dem großen Mond von Tiamat sowie auf den Planeten Venus und Mars und auf verschiedenen Trabanten, besonders denen die um Jupiter und Saturn kreisten.

Speziell die Venus war das urtümliche Ruhegebiet unter den Planeten, einfach nur schön und für die Erholung bestens geeignet.

Auf ihr hielten sich mit Vorliebe jene Besucher des Sol-Systems auf, die auf der Durchreise Rast machten.

Den Anunnaki war dies sehr recht. Auf diese Art und Weise mischten sich die Fremden nicht zu sehr in ihre Strukturen und die Geschehnisse ein.

Außerdem konnte man gute Geschäfte mit den Reisenden machen.

Den Erdbewohnern fiel die fast schon industrielle Ausbeutung zu. Der Abbau von Edelmetallen hatte hier Vorrang, insbesondere des weltweit vorkommenden Goldes.

Kann es sein, dass wir noch heute die Goldreserven der verschiedenen Staaten an Außerirdische abgeben?

Wieso ist sonst dieses edle Metall so selten und damit kostbar geworden? Was erhalten die Mächtigen der Erde dafür?

Zum Einsatz von Arbeitssklaven in Höhlen, wurden mit Nachdruck verschiedene biologische Experimente durchgeführt.

Die dafür entstandenen Menschwesen waren die Ebenbilder ihrer zu Göttern erhobenen Schöpfer. Im Laufe der Zeiten wurden sie, zunächst nur von den Anunnaki und später auch von uns Alalantern, zur Herrenrasse über den Planeten ausgebildet.

Auch die Tierwelt blieb von den Bio-Experimenten nicht verschont.

Wir können dies noch heute, bei genauerer Betrachtung, erkennen.

Woher kommen sonst so einmalige, groteske Lebewesen wie das Schnabeltier oder der Schnabeligel her?

Auch gibt es keinerlei Knochenfunde von Tieren im Übergang, die aus dem Meer an Land gekrochen kamen und umgekehrt, die wieder vom Landtier zu einem Meeressäuger geworden sind.

Wale, Seehunde und dergleichen haben nämlich nachweislich ihre Verwandten auf dem Festland.

Der Mars war in seinen Tiefen eine einzige große Industrieanlage. Hier wurde all das gefertigt, was die Anunnaki für ihr Leben sowie für den Erhalt ihrer Macht brauchten. Unter anderem wurde der Rüstungsindustrie große Aufmerksamkeit geschenkt.

Auch die Raumflotte wurde im Mars gebaut und ausgestattet.

In diesen Anlagen arbeiteten kleine graue Wesen, eine spezielle Züchtung aus Echsenartigen und Insektoiden.

Die Anunnaki hatten sie mit hoher Intelligenz ausgestattet. So konnten sie ihre Arbeiten weitgehend selbstständig erledigen.

Der Tiamat beherbergte das Volk der Anunnaki selbst, wenn sie nicht auf Nibiru weilten.

Dieser größte bewohnbare Planet im System war zur Verwaltungs- und Befehlszentrale ausgebaut worden.

Auf seiner Oberfläche wohnten und arbeiteten viele Millionen Anunnaki.

Dem Tiamat wurde von etlichen der Anunnaki sogar der Vorrang vor ihrem Heimatplaneten Nibiru gegeben.

Wir Atalanter verstanden uns von Anbeginn ausgezeichnet mit den Beherrschern des Sol-Sonnensystems und konnten uns gut mit ihnen arrangieren.

Die Anunnaki waren zu jener Zeit technisch etwa auf dem gleichen Stand wie wir. Jedoch hatten sie keine Ambitionen weiter in die Galaxis hinaus zu expandieren.

Unsere Wissenschaftler tauschten ihr Wissen untereinander aus. So lernten wir voneinander.

Mit deren Einverständnis siedelten wir uns vorübergehend, wie wir zuerst selbst noch annahmen, auf einem für sie ziemlich uninteressanten Inselkontinent an.

Er lag auf dem Planeten Erde, im Bereich des später so benannten atlantischen Ozean.

Es war zwar eine sehr unruhige, vulkanisch aktive Gegend aber unser Bestreben war sowieso darauf gerichtet in ein paar hundert Jahren wieder weiter zu ziehen.

Planet Erde

Diese große Insel, geradezu ein eigener Kontinent, nannten wir Atalantis (was kleines Atalant bedeutete), nach dem Sternensystem das wir verlassen hatten. Später wurde dann „Atlantis" daraus.

Der ganze Planet Erde war von den Anunnaki, mit den für uns ziemlich unbedeutenden, menschenähnlichen Lebewesen bevölkert worden. Von den Anunnaki wussten wir, dass sie vor längerer Zeit ein Gen-Programm gestartet hatten, um diese Halb- oder Dreiviertel-Menschen zu schaffen.
Ursprünglich war diese Züchtung hauptsächlich zum Goldabbau gedacht.

Die erste große Zuchtstation war damals in Zentral-Afrika. Sie brachte schon recht brauchbare Ergebnisse. Diese zuerst Gezüchteten waren allerdings noch Hybride.
Diese Hybride weisen keine stabile Generationenfolge bei der Fortpflanzung auf. So sind sie untereinander nicht zur Fortpflanzung fähig.

Nach einem heftigen Zwist, unter den Führungspersönlichkeiten der Anunnaki, war eine zweite Station zwischen Euphrat und Tigris eingerichtet worden.
Die nun dort entwickelten Wesen waren schon weitaus menschlicher als die afrikanischen Halbmenschen, auch relativ intelligenter und diese konnten sich fortpflanzen.

Sie waren eher mit jenen bio-energetischen Fleischkörpern vergleichbar, an die wir von den Kabarern gebunden worden waren.

Offensichtlich bildet die Gen-Information der "Menschen" eine Art Biospur, eine Matrix, die sich zumindest über die Galaxis Milchstraße und möglicherweise sogar über das gesamte Universum ausbreitete.
Dazu gibt es auch jene menschenähnlichen Lebenseinheiten, die nur irgendwie dem Menschen glichen. Immerhin haben sie zwei Arme, zwei Beine und einen Kopf und sie bewegen sich im aufrechten Gang.
Ansonsten stammen ihre Rassen aus dem Genpool von Reptilien, Insekten, Hunden, Katzen, Vögeln und etlichen anderen Tierwesen.

Solche Wesenheiten fanden sich vielfältig im Sternenbund von Kabar als das Gefüge der Kabarer. Sie fühlten sich wahrhaftig seit Jahrzehntausenden als eine große, sternenübergreifende Gemeinschaft.

Bald schon dachten wir nicht mehr so intensiv an unsere Peiniger, draußen in der Weite der Milchstraße.
Nur ab und zu wurden wir unsanft an sie erinnert, wenn tatsächlich neue Flüchtlinge im Sol-System eintrafen und Asyl suchten.

Unsere Zuflucht Atalantis hatten wir nach und nach zu einer Festung ausgebaut.
Schutzschirme umgaben den Inselkontinent und die nähere Umgebung.

Mittels unserer Pyramiden-Technologie verbanden wir die Energien des Planeten zu einem Gitternetz. Darüber konnten wir sowohl geistig als auch körperlich reisen oder einfach Informationen fließen lassen.

Lediglich der Kontinent Afrika war eine der Hauptwirkungsstätten der Anunnaki.
Für uns Atalanter war dort eine Art Tabu-Zone. Darauf hatten wir uns geeinigt.
In all den anderen Gebieten des Planeten Erde trafen wir uns zu gelegentlichen, partnerschaftlichen Aktionen.
Selbstverständlich konnten wir auch Handel treiben, besonders als die Menschheit begann sich auszubreiten.

Mit diesen nunmehr neuen Menschen der Erde, den Anunnaki-Schöpfungen, hatten wir gute nachbarschaftliche Beziehungen.
Die Anunnaki hatten die „Neuform" der Menschen zwar ursprünglich zu Sklaven für den Bergbau herangezogen, andererseits ließen sie ihnen mittlerweile auch jede Menge Freiheiten.

Sie legten mit uns gemeinsam, für diese Menschenrasse sogar den Grundstock für verschiedene Zivilisationen, der alten Zeit sowie der Neuzeit.
Die folgenden Jahre, Jahrhunderte, Jahrtausende vergingen wie im Fluge, ohne beeindruckende Veränderungen.
Warum wir, trotz der ursprünglichen Planung, so lange geblieben sind, kann ich nicht mehr genau nachvollziehen.

Jedenfalls hatten wir uns inzwischen auf Planet Erde etabliert. Die Absicht weiter zu wandern wurde so lange verschoben, bis nichts mehr davon übrig war. Wir fühlten uns hier sicher und geborgen.

Den Weltraum um die Erde überließen wir den Anunnaki. Unsere Raumfahrt wurde immer mehr zurückgefahren bis kaum mehr Pläne dafür vorhanden waren. So konnten wir auch in die späteren, verhängnisvollen Ereignisse nicht entscheidend eingreifen.

Wären wir doch nur nicht schon wieder so fürchterlich vertrauensselig gewesen. Das alte „Leiden" sollte uns auch jetzt wieder zum Verhängnis werden.

Der „Bund von Kabar" hatte uns nämlich keineswegs vergessen. Im Gegenteil, wir standen über die ganze lange Zeit unter ständiger Beobachtung.
Deren bürokratisch strukturiertes Führungssystem hatte nämlich nicht nur einen furchtbar langen Atem sondern auch einen langen Arm.

Die Vorbereitungen

„Wer sich nicht zu verstellen versteht, versteht nicht zu regieren."

Ludwig XI

Die Abgesandten des Verbundes von Kabar erschienen doch plötzlich leibhaftig im Sol-Sonnensystem.

Als ein mögliches Vorzeichen dafür hatten die Flüchtlingsströme schon seit längerer Zeit abgenommen, schließlich waren sie ganz versiegt.

Von den Anunnaki wurde uns berichtet, dass sich die Fremdlinge im Raum um die Venus zu schaffen machten. Dass es sich dabei um die Kabarer handelte, wussten unsere Partner nicht.

Als wir erkannten wer die Fremden waren, wuchs zwar unsere Besorgnis jedoch noch erkannten wir nicht ihre Absicht.

„Die schönste List des Teufels ist es, uns zu überzeugen, dass es ihn nicht gibt."

Baudelaire

Wie erwähnt war unsere eigene Raumfahrttechnik seit längerem nicht mehr entwickelt.

Sie beschränkte sich nur noch auf erdnahe Flüge.

Die Raumfahrer zwischen den Planeten waren damals sowieso nur noch die Anunnaki. Auf ihre Meldungen mussten und konnten wir uns bisher auch immer verlassen.

Wir konnten dadurch nicht mehr entscheidend in das seltsame Treiben im System Sol, um die Planeten herum, eingreifen.

Auch erstreckte sich dieses Geschehen über sehr lange Zeit. Die Anunnaki wurden nicht beunruhigt, weil die Fremden zwischendurch längere Perioden gar nicht in Erscheinung traten.

Ohne irgend jemand zu fragen aber auch ohne zunächst jemanden zu belästigen, errichteten die Kabarer auf der Venus nach und nach eine eigene Station.

Irgendwann änderte sich in der Atmosphäre des Planeten etwas, unmerklich immer mehr. Ein schleichender Prozess setzte ein.

Die einst urweltliche und relativ stille Venus wurde allmählich zur reinsten Hölle.

Das Wetter dort veränderte sich drastisch. Gewaltige Stürme entstanden und jagten von nun an über die Oberfläche des bis vordem wundervoll angenehmen Planeten.

Auch die vulkanischen Aktivitäten steigerten sich. Die Temperaturen in der bisher rundum ruhigen Atmosphäre stiegen enorm an.

Dies war ein Vorgang der sich über fast ein Jahrtausend erstreckte.

Es war eine Entwicklung die man der veränderlichen Natur zuschrieb.

Niemand brachte ihn auch nur annähernd mit den Kabarern in Verbindung.

Erst als die Kabarer begannen ihre Stationen in großer Zahl im freien Weltraum einzurichten, gaben sie sich als agressive Invasoren zu erkennen.

Sie wollten sogar den großen Mond von Tiamat mit ihrer Technik bestücken.

Jetzt wurden die bislang unangefochtenen Herrscher im System endlich aktiv. Die Anunnaki teilten uns ihre Maßnahmen mit.

Sie ergriffen Gegenmaßnahmen. Nein! Sie versuchten lediglich Maßnahmen zu ergreifen. Es war bereits zu spät.

Der Krieg im All

Kriegsschiffe wurden von den Anunnaki zusammengezogen. Eine gewaltige Flotte verteidigte den Raum um die inneren Planeten. Sie hatten zumindest die Absicht zur Verteidigung.

Ihnen gegenüber standen am Anfang nur einige wenige Schiffe der Kabarer. Die Hauptmacht befand sich weiter draußen im Raum, für die Anunnaki nicht zu orten. So konnten die Verteidiger von Sol die Gefahr überhaupt nicht einschätzen.

Es kam zur Schlacht, zwischen der Streitmacht des Bundes der Kabarer und der Kriegsflotte der Anunnaki.

**„Die politische Macht
kommt aus den Gewehrläufen."**

Mao Tse-tung

Zum Glück für die Anunnaki war ihr Heimatplanet, der Nibiru, zu jener Zeit weit außerhalb des Sonnensystems.

Zum Glück deshalb, weil die Kabar-Krieger kein Pardon kannten und gnadenlos alles, alles mit Gewalt platt machten, was sich ihnen in den Weg stellte.
Wie sich herausstellte war ihre waffentechnische Überlegenheit zweifelsfrei. Die Verteidiger hatten von vorne herein keine Chance.

Wir errichteten um unseren Inselkontinent Atalantis einen mehrfach verstärkten energetischen Schirm.

Der sollte sowohl materiellen Geschossen als auch den Strahlenwaffen standhalten.

Glücklicherweise hatten wir uns zumindest diese Art der Technologie über die lange Zeit erhalten.

Darunter verhielten wir uns so ruhig wie nur irgend möglich.

Die Kabarer zerlegten regelrecht, im militärisch organisierten Schnelldurchmarsch die Außenstationen der Anunnaki, um Jupiter und Saturn. Ebenso verfuhren sie mit deren planetaren Stützpunkten. Dabei gingen sie, wie wir es bereits kannten, extrem brutal vor.

Die Anunnaki befanden sich von Anbeginn der Schlacht laufend in Rückzugsgefechten.

Lediglich um den dicht besiedelten Planeten Tiamat tobte ein besonders heftiger, heißer Kampf. Die verbliebene Kriegsflotte mit den größten Schiffen formierte sich um den Planeten. So konnten die Anunnaki den Schiffen der Angreifer tatsächlich längere Zeit paroli bieten.

Außerdem waren die auf Tiamat seit langem beheimateten und nicht nur stationierten Anunnaki bestens ausgerüstet. Sie verteidigten sich tapfer, denn es ging um ihre Heimat.

Doch schlussendlich entschied ein einziger, gebündelter Angriffsschlag über das Schicksal des Planeten und seiner Bewohner.

Mit dem Energiepotenzial hunderter, kleiner bis riesiger Raumschiffe wurde von den Kabarern eine Vielzahl von Planetoiden heran geholt, aus dem Raum außerhalb des Sonnensystems. All diese Gesteinsbrocken wurden mit enormer Wucht gegen die Verteidiger und gegen den Planeten Tiamat selbst geschleudert.

Die Stationen auf dem Planeten und darum herum waren letztendlich machtlos, obwohl sie einen Teil des Bombardements mit Traktorstrahlen ablenkten.

Auch der Mond von Tiamat wurde bei diesem Inferno von unzähligen Meteoriten zerfurcht, wodurch sich das Gesicht des damaligen Trabanten veränderte.

Der Planet Tiamat, der mehr als erdgroße Himmelskörper, brach dennoch vollständig auseinander als riesige Brocken einschlugen, sich in ihn hineinbohrten und dabei seine Kruste sprengten. Die Energiewaffen der Raumschiffe taten ihr Übriges.

Ziemlich große Teile des Planeten wurden desintegriert, zerkleinert bis zerstäubt und im All verteilt. Sie schwirrten durch den Raum, weit weg von der ursprünglichen Umlaufbahn. Auch von den anderen Planeten wurden einige Trümmer eingefangen.

Aus einigen übrig gebliebenen Trümmerstücken wurde im Verlaufe der Zeiten der jetzige Planetoidengürtel, der zwischen Mars und Jupiter kreist.

Der riesige Mond von Tiamat taumelte von da an, nach der totalen Zerstörung von Tiamat, wie führungslos durch das Sonnensystem.

Schließlich wurde er von der Erde eingefangen und stabilisiert.

Er kehrte an den Ort seiner Geburt zurück, als ein Mond der schon einmal die Erde umkreisen sollte, von der er ursprünglich abstammte.

Der Erdball geriet in diesem Zusammenhang durch die zusätzliche Masse des Mondes ebenfalls ins Trudeln. Die heutige Schieflage der Erde ist die Folge davon.

Der Planet Mars, eine einzige große Maschinerie für Kriegsmaterial aller Arten, wurde im Verlauf der Kämpfe in eine eisige Wüste verwandelt. Den größten Teil seiner Atmosphäre haben die Angreifer mit ihren Energiewaffen einfach in den Weltraum geblasen.

Im Inneren des Mars befindliche Industrieanlagen flutete man mit unsichtbaren, wohlriechenden, jedoch giftigen Gasen.

Dadurch blieben die, auch für die Kabarer wertvollen Anlagen zwar weitgehend erhalten, wurden aber (fast) vollständig entvölkert.

Es wurden, bei diesem entsetzlichen Blitzkrieg, alle nur erdenklichen Arten der damals zur Verfügung stehenden Vernichtungswaffen eingesetzt. Die atomaren Waffen fanden ebenso Anwendung wie unterschiedlich wirkende Energiewaffen, natürlich Zug- und Druckstrahlen sowie hinterhältige, wohlriechende Giftgase und vieles mehr.

Die heftigen Angriffe der Krieger von Kabar richteten sich in erster Linie gegen die stolzen Anunnaki und ihre marsianische Androidenarmee.

Wir, die Atalanter, hatten uns hinter unserem energetischen Schutzschild auf dem Atalantis-Inselkontinent verkrochen und hofften inständig von dem ganzen Geschehen verschont zu bleiben.
So verstanden wir überhaupt nicht, warum nicht auch wir zum sofortigen Angriffsziel für die Kabarer wurden. Warum wurde dieser Krieg überhaupt geführt?

Schlußendlich mussten die mehr und mehr hoffnungslos unterlegenen Anunnaki die Aussichtslosigkeit einer Gegenwehr anerkennen. Die tapferen Krieger mussten sich geschlagen geben.
Ihre mit dem Mut der Verzweiflung kämpfende Raumflotte war entweder total vernichtet oder in die Tiefen des Alls vertrieben worden.

Das Sol-Sonnensystem gehörte jetzt allein den Invasoren von Kabar.
Diese Killer konnten nun ungestört ihre eigenartigen, technischen Einrichtungen sowohl im Weltraum als auch auf der Erde vollenden.

Die Seelenfalle entsteht

Wir selbst konnten leider nur den Baufortschritt auf der Erde beobachten.

Wir bedauerten erstmals, dass wir unser Raumfahrtprogramm vollständig auf Eis gelegt hatten.

Jetzt fehlten uns unsere Partner die Anunnaki, die uns sonst immer informiert hatten.

Als die auf der Erde verteilten Bauten mit den seltsamen Gerätschaften schließlich fertiggestellt waren, verschwanden die Bauwerke urplötzlich.

Wie wir später heraus fanden, wurden sie mittels Zeitverschiebung um etwa fünf Minuten in die Zukunft projiziert.

Damit waren sie jeglichen Zu- oder Angriffen mit herkömmlichen Mitteln entzogen worden.

Einige dieser Standorte auf der Erde konnten wir per Spiritueller Rückführungen noch in unserer heutigen Zeit lokalisieren.

So wissen wir zum Beispiel: In der heutigen Wüste Gobi, dann im Kaukasus, irgendwo in Nordafrika sowie in Peru befinden sich funktionsfähige Einrichtungen.

Sicherlich gibt es auf dem Planeten noch sehr viel mehr dieser Maschinerien, die nur auf uns (als die TAO-Seele) lauern, sobald wir im Tode unsere Körper verlassen.

Meine Freunde fanden mittels Spirituellen Rückführungen auch heraus, dass die Rückseite des Mondes (der in seiner Drehbewegung abgebremst wurde und heute nur noch die Vorderseite der Erde zuwendet) mit mindestens einer dieser Anlagen und ihrer Apparaturen bestückt wurde.

Obwohl die entscheidenden Einrichtungen unsichtbar, etwa fünf Minuten in die Zukunft versetzt sind, wirken die Orte bereits bei einer Annäherung auf uns geheimnisvoll und erscheinen gefährlich. Diese ausgelösten Gefühle sollen uns abschrecken.

Auch Stationen der Anunnaki wurden teilweise wieder aufgebaut und in das Fallen-System mit einbezogen.

Im gesamten Sonnensystem, um die Erde herum und bis weit über die Pluto-Bahn hinaus, schwirrten und schwirren noch heute die Sonden, mit immer wieder der gleichen, für uns damals noch unklaren Funktion.

Die alles bestimmende Zentraleinheit hatten die Eindringlinge längst auf der Venus fertig installiert. Sie sollte schlussendlich ihrer, für uns Menschen auf dem Planeten Erde, schrecklichen Hauptaufgabe nachgehen.

Noch vor Kriegsbeginn wurde sie so ausgerichtet, dass sich ihre kommunikativen Verbindungen den zukünftig einzurichtenden Stationen zuwandten.

Alles war perfekt im Voraus geplant. Inklusive der Vernichtung oder der Vertreibung der das Sol-System beherrschenden Anunnaki.

Wir waren jetzt eingekreist, ohne dass damals die meisten der Atalanter das Geringste davon wussten, es auch nur im Mindesten ahnten.

Lediglich einige Druiden des TAO verfolgten das Geschehen, besonders mittels Telepathie.
Unter Einsatz dieser Kräfte konnten wir uns in die Gedankengänge von einigen der Kabarer einklinken, die das Fallensystem errichteten.

Davon wusste der Großteil der Atalanter allerdings nichts. Wir Druiden wollten auch niemanden beunruhigen.
So warteten wir ab und schalteten uns erst ein, als die Lage kritisch wurde.

Die Bewohner des Kontinent Atalant hofften damals immer noch, ähnlich wie vor ihnen die Anunnaki, ausreichende Gegenmaßnahmen ergreifen zu können.

Die Falle schnappt zu

Unter unserem starken Schutzschirm fühlten die Atalanter (nicht so die Druiden des TAO) sich immer noch ziemlich sicher.

Aus diesem Grunde verhielten sie sich weiterhin mucksmäuschenstill, damit die Eindringlinge nicht auf sie aufmerksam werden sollten.

Die Ereignisse in der irdischen Umgebung beobachtete ein technisches Korps hauptsächlich mit radarähnlicher Ortung und mit unbemannten Sonden.

Nachdem sich die schweren, auf Zerstörung ausgerichteten Kampfeinheiten der kabarianischen Invasoren zurückgezogen hatten, hielten sich nur noch einige kleinere Raumkreuzer sowie die technischen Einheiten in unserer Nähe auf.

So begannen wir langsam wieder mutiger zu werden.

Mittlerweile waren seit dem Überfall etliche Jahrzehnte ins Land gegangen.
Wir übernahmen vorübergehend die Rolle der Anunnaki. Auf der Erde gestaltete sich etliches als „neu".
Jetzt waren wir die Götterwesen für die primitiven Erdlinge.

Verschiedenes von dem, was heute noch als Kultur gilt, vermittelten wir ihnen damals.

Der endgültige Untergang unserer atalantischen Zuflucht auf der Erde kam für uns völlig überraschend.

Mit „uns" meine ich weiterhin die überwiegende Bevölkerung von Atalant.

Vor nunmehr etwa 12.000 irdischen Jahren orteten wir, mit der von den Ahnen überlieferten Überwachungstechnik, einen gewaltigen Brocken. Er kam aus dem Trümmerfeld des ehemaligen Tiamat. Von dort hatte er sich gelöst und war in Richtung der Erde unterwegs.

Das heißt: Nicht wir erkannten die Gefahr zuerst, sondern einige der auf dem Mars stationierten „Grauen", die durch glückliche Umstände der Vernichtung entgangen waren, warnten uns.

Nachdem die Invasionsflotte sich zurückgezogen hatte, wagten sie es, wieder mit kleinen Schiffen den Raum zu durchkreuzen.

Doch wir Atalanter schlugen diese Warnung in den Wind. Noch witterten wir keinerlei bösartige Absicht.

Als jedoch immer deutlicher wurde, dass sich dieser riesige Meteor tatsächlich auf einem direktem Kollisionskurs mit der Erde befand, war es bereits zu spät.

Unsere Berechnungen ergaben bald darauf: Der Meteor war direkt auf diesen unseren Inselkontinent, auf Atalantis gezielt. Tatsächlich gezielt!?

Die kabarischen Invasoren vollendeten jetzt ihren ganz offensichtlich seit Anbeginn gehegten Plan. Wir, die Atalanter, sollten vernichtend geschlagen werden.

Mit nur einem einzigen, strategisch punktgenauen Schlag sollte unser Atalantis mitsamt Schutzschild geradezu in das Innere der Erde gestampft werden.

Doch wo war der wirkliche Sinn dieser seltsamen, sich schon über Jahrtausende hinziehenden Aktion?

<u>Denken wir doch noch einmal in der Zeit zurück</u>: Als Geistige Wesen hatte man uns in Kristallbatterien eingebunden.
Benutzt wurden wir dadurch beispielsweise zur Steuerung von Robotern, Androiden oder von Fleischkörper.
Wir dienten lange Zeit mehr oder weniger widerstandslos als Energiespender sowie als seelisches „Innenleben" für Sklaven.

Nachdem man dann versuchte, unseren unbrauchbar gewordenen, seelischen Restmüll zu entsorgen, entkamen wir unserem Los und infiltrierten die anderen. Wir wurden sogar wieder relativ stark und entwickelten uns zu Störenfrieden in der kabarischen Gesellschaft.

Jene Eliten vom kabarianischen Bund mussten dadurch spätestens jetzt glasklar erkennen: Wir, als Geistig zu nennenden Wesenheiten, sind nicht so ohne weiteres zu entfernen.

Das einfache Töten der Fleisch- oder ähnlichen Wirtskörper alleine genügt nicht.

Durch die von uns bewusst und absichtsvoll genutzte Wiedergeburt, konnten wir uns immer und immer wieder erneuerten.

Obwohl wir anfangs trotzdem noch einen gewissen Nutzen boten, wurden wir mit der Zeit doch mehr als nur lästig, regelrecht gefährlich.

Also beschlossen die Herrscher des Verbundes von Kabar, langfristig angelegt, den:

Plan 1

Zu fördern, dass wir uns im System von Atalant erneut organisierten.

Schließlich rechneten sie sogar mit unserer Flucht an den Rand der Galaxie.

Dies wollten sie nicht nur zulassen, sondern geradezu forcieren.

Entsprechend dieses Planes 1 hofften die Eliten-Herrscher von Kabar anfangs, wir würden tatsächlich einfach weiterziehen, um so auf Nimmerwiedersehen in den Tiefen des Weltalls zu verschwinden.

Doch leider blieben wir im erweiterten Einflussbereich des Bundes von Kabar.

Das Schlimmste war: Wir fanden sogar Verbündete und Freunde und entwickelten eine eigene Kultur auf der Erde.

Dies alles war ihnen sehr suspekt und sehr unbefriedigend für den kabarischen Bund.

Deshalb trat einfach in Kraft, der:

Plan 2

Die Bewegungsfreiheit aller Atalanter einengen und auf ewig gefangen setzen!

Erst mussten dazu allerdings diese lästigen Anunnaki vom Projekt ferngehalten werden.
Nachdem diese stolzen „Götter" vom Sol-System, trotz ihrer eindeutigen Unterlegenheit, erheblichen Widerstand leisten werden, müssen sie einfach mit Macht ausgeschaltet werden. Die kabarischen Invasoren müssen brutal zuschlagenden.

Dies bedeutete in der Umsetzung kein größeres Problem, zumal die Anunnaki mit ihren Raumschiffen nicht sehr weit über das Sonnensystem Sol hinaus operieren konnten.
Auch war deren Waffentechnik dem der Kabarer weit unterlegen.

Im Vorfeld und gleichzeitig musste das Fallensystem eingerichtet, ausgebaut und in Betrieb genommen werden.
Alles geht von einer Zentraleinheit aus, auf einem der weniger wichtigen Planeten.
Nach der Installation der planetaren Stationen und der freien Sonden im All wurde das System in Betrieb genommen. Die Venus-Station mit den künstlichen Trabanten-Einheiten im gesamten Sol-System wurde Stück für Stück etabliert und zum Funktionieren gebracht.

Die Funktion der Falle

"Drei sind's die da herrschen auf Erden: Die Weisheit, der Schein und die Gewalt."

Johann Wolfgang von Goethe

Die damals ach so geheimnisvolle Funktion des technisch gesteuerten Netzwerkes war, sie ist es auch heute noch, folgende:

> Frei werdende Seeleneinheiten werden beim Tode eingefangen.

Dies geschieht bei den möglichst wenig bewussten Wesen unmittelbar nach dem Verlassen der Körper.
Beeinflusst über ihre energetischen Denkapparate, dem so genannten Verstand, werden sie „verarbeitet".

> Vorgegaukelte Wesenheiten, Ahnen, alte Weise sogar Engelswesen und ähnliche, begleitet von Sphärenmusik, Lichterscheinungen und Versprechungen, transferieren sie zur automatischen Station auf der Venus.

> Dort werden ihre eigenen, mitgebrachten bildhaften Eindrücke ebenso wie ihre Emotionen mit fremdem Material gemischt.

Die geistigen und die körperlichen Energien, der Wesen werden kräftig verwirbelt.

> Somit wird jeglicher Ansatz unterdrückt, um ein höheres Intelligenzniveau zu erreichen.

Ihr mitgeführter, eigentlich analytisch hervorragend funktionierender Verstand wird dabei den Geistwesen zum Verhängnis.

> Alle Erinnerungen und bildhaften Eindrücke werden zu einem Gedankenknäuel zusammengebacken.

Die starken Aufmerksamkeitsanteile (Energien) werden in Zeit und Raum verstreut.

Damit soll so wenig wie irgend möglich vom Energiepotenzial übrigbleiben, um den eventuellen Zugriff auf alte Fähigkeiten langfristig abzuschneiden.

> Zur noch besseren Kontrolle werden die Menschwesen, jene ehemals freien Geistigen Wesen, auf ihre tieftonigen Emotionen abgedrückt und dort möglichst gleichgeschaltet.

> Dies geschieht, indem die alten kabarischen Einpflanzungen (Implants) erneut aufgefrischt und verstärkt werden.

Die am weitesten verbreiteten und speziell für das Gefängnis wirkungsvollsten Implants heißen: **„Andere ins Unrecht setzen!"** und **„Mitleid empfinden."**

Sie wirken geradezu als Anweisungen auf die Menschen ein.

> Die auf diese Art und Weise behandelten Geist-Krüppel werden irgendwie schockgefrostet wieder zur Erde zurückgeschickt. Über ihren Verstand sind sie total unfähig gemacht.

Auf dem Planeten werden sie den Menschen zugeordnet ausgesetzt, um erneut und immer, immer wieder den Zyklus von Geburt, Leben, Sterben, Tod durchlaufen zu müssen.

Nach dem Verlassen der jeweiligen Körper werden sie wiederum eingefangen.
Sie müssen nun den Kreislauf durchlaufen, jenen vorgezeichneten „Teufelskreis" oder auch das „Rad des Lebens", um fortwährend erneut verwirrt zu werden.

Die Einpflanzungen (Implants) werden wieder und immer wieder aufgefrischt.
Damit starten dann die Menschen in jeden neuen Lebenszyklus.
Die Einpflanzungen sind die täglich wirksamen, mentalen Folterwerkzeuge, mit denen sich Menschen gegenseitig das Leben schwer machen. Mit dieser karmisch aktiven Geisel verstören sich die auf der Erde gefangenen Leute sowohl körperlich als auch geistig.
Sie durchlaufen das „Rad des Lebens" als klein gemachte Wesenheiten.

Nach der Rückkehr zur Erde:

> 1. Dürfen die Geistigen Wesen von nichts wissen.

> 2. Sie müssen total wirr und intellektuell sowie körperlich unfähig sein.

> 3. Sie müssen ihre Implant-Befehle gegen ihre Mitmenschen einsetzen.

„Der Teufel hat die Welt verlassen, weil er weiß, die Menschen machen sich selbst die Hölle heiß."

Rückert, Die Weisheit des Brahmanen

Die geistige Einpflanzung, dieser mentale, suggestiv wirksame Befehl: **„Andere ins Unrecht setzen!"**, verneint außerdem jegliche Eigenverantwortung.

Immer sind andere Personen oder Organisationen mit ihren Strukturen, ja sogar Gott, an Abläufen im Leben schuld.

Betrachtungsweisen wie das Schicksal, der Zufall oder Kismet können auf diese unterschwellig angelegte Art zu Denken zurückgeführt werden.

Mit diesem Implant werden Kriege erzeugt und Feindschaften bis in die Familien hinein geschaffen und aufrecht erhalten.

Dieser eingepflanzte oder implantierte geistige Befehl nutzt sogar unseren ursprünglichen, recht angenehmen, in gelebter Leichtigkeit agierenden Spielgeist.
Er pervertiert den „Geist des Spielens" und lässt Mitspieler bei Gruppen und sogar in Familien zu erbitterten, sich gegenseitig vernichtenden Feinden werden.

Bestandteile
der Falle

Die Bestandteile und Anwendungen der Fallen sind sehr vielfältig.

Hier will ich nur einige Varianten hervorheben, weil diese uns allen vertraut erscheinen. Damit sind sie besonders leicht zu begreifen, wenn wir uns darauf einlassen.

<u>Aber wohl gemerkt</u>: Ich spreche hier von den hinterlistigen Lockmitteln die uns erst nach dem Verlassen eines Körpers begegnen.

Während des lebendigen Daseins dürfen wir uns fast völlig unbedenklich sowohl dem Erleben von sphärischer Musik als auch faszinierenden Lichterscheinungen und der kommunikativen Verbindung zu allen Lebens- und sonstigen Wesen hingeben.

Insbesondere während Spiritueller Rückführungen sind wir bewusst in der Lage, die Unterschiede zwischen der realen Welt und einem Fallenbestandteil deutlich zu erkennen.

Mit den auf diese Art und Weise gewonnenem Wissen, den Schlussfolgerungen und Erkenntnissen daraus, werden wir geradezu immun gegen deren Ansinnen.

Die Fallenbestandteile versuchen uns hinterlistig in den fließbandartigen Ablauf zur Venus zu locken.

Wir sollen dort eben erneut der Verwirrung ausgesetzt werden, damit es abermals zu dem unwiderruflich einsetzenden, irrsinnig machenden Showdown nach dem körperlichen Leben kommt.

Aus den Fallen heraus locken die perfekten Vorspiegelungen oder Hologramme von alten Meistern, Ahnen, Engeln und etlichen anderen Geistwesen.

Die Kabarer, als die Konstrukteure des Fallensystems, wussten ganz genau was unsere Schwächen waren, worauf wir ansprangen.

Wer will nicht wieder mit einem zwar Verstorbenen aber immer noch geliebten Menschen in Verbindung treten?

Ebenso die Verbindung mit einem alten Weisen, einem der Meister, denen wir so viel in diesem Spiel verdanken, kann uns locken.

Auch der Kontakt zu unseren Ahnen, die uns als Menschen der Erde schon seit Urzeiten angeleitet haben und mit denen wir weiterhin in Verbindung stehen, ist uns enorm wichtig.

Speziell auf Erden sind diese Ahnen größtenteils sowieso wir selbst.

Denn die Reinkarnation erfolgt hier häufig im karmisch gebundenen Kreis von Familien, mit den immer wiederkehrenden Bindekräften von Liebe oder Hass.

Dass einige von uns gar keine Urmenschen des Planeten Erde sind, ist uns im Prozess der geistigen Verwirrungen abhanden gekommen.

Allein schon die neuerlich gewonnene Erkenntnis darüber hilft so manchem, dem entsprechenden Fallenbestandteil ein Schnippchen zu schlagen.

Selbst die Engel sind für uns keine Fremden. Ihnen bringen wir, wie auch den anderen hilfreichen Wesenheiten, großes Vertrauen entgegen und wir gehen im Normalfalle, hauptsächlich in Not- und Angstsituationen, gern mit ihnen mit.

Nur eben nach dem Leben, das unser Übergang in Form von Tod ist, sollten wir vor allem hier, im nahen Umfeld des Planten Erde, solche Begegnungen tunlichst vermeiden.

Auch die sehr weit verbreiteten Vorstellungen von vorgetäuscht himmlischen Sphären sind vom sich automatisch anpassenden System angeregt worden, um die möglicherweise frei gewordenen TAO-Seelen wieder gefügig zu machen.

Eine der Fallenfunktionen ist sphärische Musik.

Lass Dich nicht anlocken, wenn geradezu himmlische Klänge Deine nicht mehr vorhandenen Ohren verwöhnen.
Diese sogar im luftleeren Weltall, außerhalb der Erde, wahrnehmbare, musikalisch hochwertige Untermalung, nach Deinem erneuten Ableben, soll Dir ganz sicher nicht den Weg ins Paradies weisen.

Im Gegenteil, auch hier steht am anderen Ende eine Maschinerie mit sehr üblen Absichten.

Die häufigste Fallenfunktion hängt mit Licht zusammen.

Licht beinhaltet Wärme und Geborgenheit. Es vermittelt uns zugleich das Gefühl von auf uns zukommender Freiheit.

Wir entwickelten diese Empfindung, nachdem wir ein paar Male in die „Hochöfen" geschickt worden waren, zur körperlichen sowie zur geistigen Vernichtung.

Wie wir schließlich heraus fanden, konnten uns diese Konverter nichts anhaben.

Deshalb scheuten wir bald auch nicht mehr davor zurück.

Darüber hinaus hat das Licht eine gewisse Ähnlichkeit mit unser aller Ursprung: Eine energetisch überaus mächtige Quelle von überirdisch klarem „Licht".

Diese besondere Lichterscheinung ist in etwa vergleichbar mit dem einer Sonne, nur eben keineswegs materiell.

Wer also nach seinem Tode in das angebotene Licht einer Falle geht, hat schon wieder einmal verloren.

Geschickt wäre es somit, jegliche Lichterscheinung, welcher Art und Weise auch immer, beim Tode, also nach dem Verlassen des Körpers, einfach zu meiden.

Damit wir nicht erneut über die Venus geschleust werden, sollten wir bewusst gewordenen TAO-Seelen ganz einfach den nächsten sich bietenden Körper übernehmen, um dann als frischer Babykörper neu zu beginnen.

Oder aber, man besetzt als Schutzgeist den nächsten Baum, eine Quelle, eine Bergspitze oder dergleichen, einfach um auszuruhen.
Mit der Zeit würden wir uns auf diese Art und Weise regenerieren. Alle unsere Fähigkeiten können wieder erstehen, wachsen und sich entwickeln.

Denn, erinnere Dich: **Die Seele ist weder krank noch kann sie zerstört werden.**
Wir, TAO, die Person selbst, als Geistiges Wesen, können nicht zerstört werden.

Übrigens: Einige von uns haben sich doch tatsächlich ganze parallele Welten oder geistige Kosmen sowie andere Dimensionen geschaffen, um nicht in die Fallen zu geraten.
Ich kann mir sogar vorstellen, dass die so genannten aufgestiegenen Meister in genau so eine andere Dimension ausweichen, wenn und sobald sie wieder einmal ihre Körper verlassen.
Nur so sind, aus meiner jetzigen Sichtweise, deren unglaublich erscheinenden, besonderen, paranormalen Befähigungen möglich.

Ich habe aus den vielen Erfahrungen mit all den Spirituellen Rückführungen mitbekommen, wie außerordentlich geschickt Wesen beim Erschaffen von Fluchtwelten sein können.

Eine solche Person hat sich, ganz individuell, eine Art Blase in der Erdumlaufbahn errichtet, in die sie einfach abtaucht, wenn die Fallen zuschnappen wollen.

Mit dieser Energieblase umkreist das Wesen dann solange den Planeten bis es ihm zu langweilig wird und es eine Reinkarnation ins Auge fasst.

Eine weitere Version ist ihr eigenes, so genanntes „Jenseits". Hierfür sind etliche Geistwesen in Übereinstimmung gegangen und haben einen geistigen Kosmos neben unserem physikalischen Universum erschaffen.

Man spricht hier oft von einer anderen Dimension, neben unserer „realen Welt". So etwas gibt es tatsächlich! Solche in Übereinstimmung geschaffenen Welten gibt es mehrere.

In früheren Zeiten waren diese Parallelwelten zum Beispiel Ober- und Unterwelten, wie: Der Himmel oder die Hölle, der griechische Olymp oder der Hades, ebenso das germanische Walhall sowie die ewigen Jagdgründe der Indianer und viele mehr.

Es wird in Mythen und Legenden erzählt, dass man nach dem Tode in diese Welten gelangen kann, wenn man die richtige, die rechte Türe wählt. Nimmt man also die falsche Türe, so schnappt die Falle zu.

Wie bereist erwähnt, täuscht das Fallensystem auch diese Art von Welten vor. Es lernt nämlich dazu!

Der Asteroid schlägt ein!

Nach der Einrichtung der Fallen fehlte, entsprechend dem Plan 2, nur noch ein alles entscheidender Schritt:

Wir Atalanter mussten ganz plötzlich, möglichst überraschend und alle zugleich, aus unseren Körpern gescheucht werden.

Damit konnten wir unwiderruflich in Verwirrung versetzt werden.

Wir sollten wieder einmal nicht die geringste Chance bekommen, uns irgendwie gegenseitig vor den Fallen zu warnen.

Daher musste der gesamte Planet Erde in eine für alle gleiche Katastrophe gestürzt werden und der irdische Kontinent Atalantis musste auf einen Schlag untergehen.

Der Berg aus dem All näherte sich deshalb direkt und unaufhaltsam unserer neu gewonnenen Heimat.

Die Spezialisten unter den Atalantern arbeiteten fieberhaft daran, eine Lösung zur Abwehr zu finden.

Ihnen fiel schließlich nichts besseres ein, als den Versuch zu wagen, diese offenbar gelenkte Waffe, diesen Steinriesen, selbst unter Kontrolle zu bekommen, ihn dann an der Erde vorbei zu manövrieren.

Mit unserer machtvollen, überaus wirkungsvollen Pyramiden-Technologie hielten wir bis zu diesem Zeitpunkt lediglich den starken Schutzschirm aufrecht.

Wenn wir diese Pyramiden-Energie jedoch bündeln würden und sie diesem Meteor entgegen schicken, wären wir vielleicht in der Lage, das Geschoss abzulenken.

Dazu müsste jedoch der Schirm vorübergehend fallen.

Nun denn, es blieb uns offenbar keine andere Wahl.

Unsere besten Techniker und Wissenschaftler machten sich daran die Pyramiden umzuprogrammieren. Es gelang!

Kurze Zeit später, hoffentlich gerade noch rechtzeitig schoss ein gewaltiger Energiestrahl in den Himmel, dem fliegenden Berg entgegen.

Da wir keine gesteuerte, ablenkende Bewegung erzeugen konnten, wie es nur mit einem Traktorstrahl möglich gewesen wäre, musste ein einziger mächtiger, gut gezielter Energiestoß genügen, um den Asteroiden aus seiner Bahn zu werfen.

Die Energie traf ihn mit ungeheurer Kraft. Es geschah wirklich!

Der riesige Brocken brach allerdings auseinander. Er zerfiel in viele kleine und sieben große Teile.

Die Teile behielten den Kurs dennoch bei. Die gewünschte Ablenkung, an dem Planeten vorbei, gelang nicht im Geringsten.

Das zu erwartende Katastrophenszenario war nun ein ganz anderes. Es war nicht mehr vergleichbar mit dem Hammerschlag zuvor.

Rund um den Globus würden sich voraussichtlich ihre Einschläge verteilten. Was eigentlich nur für uns, die Atalanter, hätte gelten sollen, suchte bald den ganzen Planeten heim.

Sieben immer noch immens große Meteore, näherten sich jetzt der Erde.

Anstelle eines einzigen Asteroiden würden diese Ungeheuer sich auf den Planeten stürzen. Gleich sieben feurigen Drachen stürzten sich die sieben Teile des Asteroiden zeitverschoben auf den Planeten Erde.

Sie vernichteten in einem planetenumspannenden Trommelfeuer so gut wie alles irdische Leben.

Die „Sieben Feuerköpfe" rasten durch die Atmosphäre. Unter dieser Benennung werden sie später in den Mythen einiger irdischer Völkerstämme überliefert.

Die Überlieferungen erzählten vom Untergang der Welt. Die Sintflut begleitete verschiedene dramatische Ereignisse. Das entstandene Chaos veränderte den Planeten.

Das tatsächlich eintretende Chaosszenario war noch weitaus fürchterlicher, als es von den Kabarern sowieso vorgesehen war.

Gigantische Feuerwände rasten über Länder und Meere. Das alles verzehrende Feuer brachte das Wasser der Meere und von Seen zum Kochen und Felsen zum Schmelzen.

Gefolgt wurde der Feuersturm von gewaltigen Wassermassen. Wogen von vielen Kilometern Höhe löschten die Feuer.

Innerhalb nur weniger Wochen oder Tagen, vielleicht nur Stunden, veränderte sich das Angesicht der Erde gravierend.

Zu deren Glück aber zu unserem Unglück, waren die hinterhältigen Fallen durch die Zeitverschiebung geschützt. Sie funktionierten im Anschluss auch weiterhin.

Neuere Untersuchungen gehen davon aus, dass zu jener Zeit, vor etwa 12.000 Jahren, durch die ungeheure Wucht von total vernichtend wirkenden Einschlägen, tatsächlich extrem schnell, etliche neue Gebirgsmassive entstanden sein sollen.

Hingegen wurden andere Gegenden von den Meeren regelrecht verschlungen.

Die ungeheuren Wassermassen schwemmten Gestein vom Meeresboden bis in höchste Höhen.

Der hoch aufgetürmte Himalaya soll teilweise, aufgrund von tektonischen Verschiebungen der Erdplatten, ein solches Gebirge aus jener Zeit sein.

Auch speziell der südliche Teil der Alpen wuchs angeblich urplötzlich im Zuge dieser Geschehnisse.

Etliche so genannte Faltengebirge entstanden innerhalb ganz kurzer Zeit, im Zuge von mächtigen Einflüssen auf die Erdkruste, keineswegs über Zeiträume von Millionen Jahren.

Schluchten, wie etwa der Grand Canyon, wurden in einer einzigen Nacht von tosenden Fluten aus dem Boden gewaschen. Davon zeugen unter anderem die scharfen Abrisskanten.

Die ganze Erdoberfläche war sicherlich total aus den Fugen geraten.
Pflanzen, Tiere und Menschen vernichtete das Inferno innerhalb nur weniger Stunden oder Tage.
An nur sehr wenigen Orten überlebte überhaupt etwas oder jemand.

Während der Inselkontinent Atalantis fast vollständig im noch heute so ähnlich benannten „Atlantischen Ozean" versank, neigte sich die südamerikanische Kontinentalplatte im Osten in den Atlantik, während sie sich im Westen aus dem Pazifik hob. Auf diese Art und Weise entstanden die hohen Anden.

Unser Atalantis sank, als hätte jemand einen Fahrstuhlknopf gedrückt.
Geradezu über Nacht fuhr die Insel zur Hölle, einer Hölle aus vulkanischer Hitze und der Dunkelheit des schwärzesten Wassers.

Entkommen?

Einige wenige von uns Atalantern hatten es dennoch tatsächlich fertig gebracht dem Inferno zu entgehen.

Wie es Noah fertigbrachte, mit seiner Arche den wilden Wassern zu entkommen, ist auch mir ein Rätsel.
Ich vermute er hatte Hilfe von den Anunnaki oder deren Helfern, den Grauen vom Mars.
Offenbar ist seine Geschichte aber wahr, denn auf dem Berge Ararat, im heutigen Ostanatolien der Türkei, fand man in neuerer Zeit tatsächlich die Überreste eines aus Holz gezimmerten Schiffsrumpfes.

Vielleicht konnten auch uns Atalanter einige Anunnaki-Raumschiffe aufnehmen, mit denen die Flucht gelang und wir uns abseits halten konnten.

Jedenfalls wurden die Alten Weisen Lehrmeister beim Wiederaufbau von Kulturen.
Dies waren nach meiner Erkenntnis atalantische Druiden des TAO mit ihren Helfern. Die Druiden des TAO lehrten und vermittelten in der Zeit nach der Sintflut den überlebenden Menschen ihr Wissen. So konnten sie auch halbwegs unbeschadet durch die anbrechende Eiszeit kommen. Wie durch ein Wunder gelang es nämlich etlichen Menschen, außer Noah und seiner Familie, überall auf der Erde die Zeit des Chaos zu überstehen.

Die damit verbundenen Entbehrungen und harten Kämpfe ums Überleben veränderten die Wesensart vieler Menschen.

Sie benahmen sich teilweise wild wie Raubtiere.

Wären die ausgleichenden Druiden und ihre Helfer nicht gewesen, sie hätten sich im großen Stile gegenseitig umgebracht und womöglich ganz ausgerottet.

Auch hatten es diese treuen Freunde der restlichen Menschheit, sehr schwer mit den alsbald Wiedergeborenen.

Als neue Erdenmenschen mussten sie sich erst mal wieder orientieren. Denn nach deren Sterben im Chaos, ihrem dramatisch gewaltsamen Tod, wurden alle das erste Mal durch die Mangel auf der Venus gedreht.

Die hinterhältigen Fallen kamen nach dem Inferno erstmals zum Einsatz.

Auch etlichen Anunnaki, die nicht mehr fliehen konnten oder aus eigener Entscheidung auf der Erde zurückgeblieben waren, erging es nicht besser.

Die zentrale Verwirrstation auf dem hässlich gewordenen Planeten Venus lief auf Hochtouren, bis die vielen, vielen Verstorbenen, im wahrsten Sinne des Wortes "fertig gemacht" und wieder zur Erde zurückgeschleudert worden waren.

Wie am Fließband wurden die Seeleneinheiten mit falschen Informationen gefüttert.

Im Laufe der nun folgenden Zeiten erlitten noch andere Mannschaften aus den Weiten des Weltall das Schicksal der Gefangenschaft. Damit wurden völlig andere Wesenheiten im Zuge der Reinkarnation zu Erdbewohnern.

Denn wie bereits erwähnt, hatte das Sol-System und damit die gute alte Erde eine exponierte Position. Es war das irgendwie geeignetes Sprungbrett auch zu anderen Galaxien.

Vielleicht waren es einfach nur Besucher die wieder einmal Rast machen wollten. Oder es waren Wesen die neugierig nachschauten, wissen wollten was geschehen war.

Sobald jene fremden Reisenden, wer auch immer sie waren, auf dem Planeten strandeten, hier starben und dann per Seele zu entkommen suchten, gerieten sie unweigerlich in das System der Fallen.

Hier verstorbene Fremdlinge und weitere Flüchtlinge wurden eingefangen und werden seit jener Zeit festgehalten, sofern sie ihre Körper verlassen mussten.

Sie wurden unweigerlich Opfer der Fallen. Dann wurden sie ebenso verwirbelt wie alle anderen auch.

Sogar Kabar-Leute befinden sich heute unter uns. Der Verbund hat hier nämlich alle inhaftiert, die in irgendeiner Weise auffällig oder sogar straffällig geworden sind und denen nicht auf andere Art und Weise beizukommen war.

Das Gefängnis von Planet Erde war offenbar schon länger geplant.

Seitdem müssen diese Wesen ebenfalls, mit uns allen gemeinsam, am so genannten „Ewigen Rad des Lebens" oder der irdischen Reinkarnation drehen.
Ihre zur Verfügung stehenden Körpereinheiten sind selbstverständlich jetzt menschlich.
Deshalb können wir sie nicht so ohne weiteres unterscheiden.
Lediglich manchmal stellen wir fest, dass sich einige Menschen ganz anders verhalten als „normal".

Schaut genau hin: Einige dieser Menschen tragen die Merkmale von Echsen und andere die von Vögeln. Wieder andere benehmen sich wie Hunde, Katzen oder Schweine und haben auch entsprechende Affinitäten zu ihren „Artgenossen".
So sind wir jedenfalls alle miteinander Leidensgenossen, auf dieser zum Gefängnis-Planeten umgestalteten Erde, am Rande der Galaxis, bezeichnet mit Milchstraße.

Das Gefängnis wird abgeschirmt durch einen, den Planeten weit umspannenden Schirm.
Er ist praktisch identisch oder zumindest dadurch nicht gleich zu erkennen, mit dem Van-Allen-Gürtel in etwa 15.000 bis 25.000 Kilometern Höhe.

Alle Wesen werden bewacht von den automatisch funktionierenden Fallen, sowohl direkt auf dem Planeten als auch im Weltall rundum.
Und wir werden immer wieder „klein" gemacht, durch die Zentralstation auf der Venus.

Der zum planetaren Gefängnis gewordene Himmelskörper sowie ebenfalls das gesamte Sol-System wurde schon bald von Fremden gemieden.

Erst in neuerer Zeit erhalten wir wieder vorsichtigen Besuch, von so genannten Außerirdischen oder Alliens.

Das liegt daran: Der Schirm weist deutliche Lücken auf und das System der Fallen ist ebenfalls nicht mehr ganz so wirkungsvoll.

Etliche starke Wesenheiten haben so manchen Code geknackt.

Damit ist der Automatismus für das Fangen von TAO-Seelen unsicherer geworden. Zumal immer mehr Menschen Bescheid wissen, was sie nach dem Tode erwarten soll.

Außerdem verstärkt sich das Bewusstsein, die Erkenntnis hin zum Wissen über Wiedergeburt und Reinkarnation.

Doch, noch sind wir nicht vollständig frei: Unser irdischer Planet war und ist heute immer noch ein Gefängnis, die gesamte Erde.

Am besten ist der Planet vergleichbar mit jener kontinentalen Strafkolonie, die als Ersatz für die Todesstrafe von den Engländern Australien errichtet wurde.

Oder auch vergleichbar mit dem Archipel Gulag, dem stalinistischen Justiz- und Lagerwesen. Das System der Gefangenenlager war über die gesamte Sowjetunion verteilt.

Dort entstanden jeweils abgeschlossene Inselwelten der Unterdrückung und der totalen Entmenschlichung. In ihnen wurden all die unliebsamen Köpfe der aufmüpfigen Intelligenz zusammengetrieben. Viele der Menschen wurden zu Tode gequält.

Ein weiterer Vergleich sei mit Konzentrationslagern gestattet, wie zum Beispiel im Dritten Reich der Deutschen.

Jetzt kannst Du Dir sicher vorstellen, warum ich mich wiederholt frage: Wieso haben wir Erdenmenschen es überhaupt nötig, uns gegenseitig abzuschlachten? Wir sitzen doch alle im gleichen planetaren U-Boot.

Nun, auch die Antwort darauf ist mittlerweile bekannt: Wir tun all diese Dinge, weil jene kabarianischen Herrscher-Eliten es von uns erwarten.

Dies reicht vom intriganten Kleinkrieg in Partnerschaften sowie in den Familien oder Sippen, bis hin zu den irrwitzigen, großen Abschlachtungen, auf den mit voller Absicht und Bedacht so genannten „Schlachtfeldern".

Selbst unsere ach so freiheitlich anmutende, oft als demokratisch bezeichnete Denkweise folgt einfach den Strukturen gegenseitiger Unterdrückung und des Kleinmachens.

Mit den von Parteien manipulierten Mehrheitsentscheidungen und ihrer suggestiven Propaganda werden genau die Anweisungen befolgt man uns vor langer Zeit eingepflanzt hat.

Nicht umsonst werden immer öfter psychologisch geschulte Marketingexperten für solche Beeinflussungen genutzt.

Wir den Menschen ähnlichen oder wirklich menschlichen Wesen sollen auch weiterhin funktionieren.

Als die kleinen Leute, als folgsame Masse von Sklaven, von Konsum- und Arbeitssklaven, von Stimmvieh oder Lemminge, zu denen man uns schon einmal, zu Beginn der großen Fang- und Unterdrückungsaktionen gemacht hatte, gehören wir auch auf Erden einfach wieder mal auf den großen Scheiterhaufen der Geschichte.

Eigentlich sollten wir uns eine sehr viel größeren Aufgabe widmen, nämlich:

**„Frei zu werden,
um endlich wieder frei zu sein."**

Gefängnis-Strukturen

Vergleichen wir die hierarchischen Befehlsstrukturen in den irdischen Gefängnissen einfach einmal mit denjenigen die dieser gesamte Planet darstellt:

> In Szene gesetzt wird der Kontrollmechanismus in den meisten Ländern von der Judikative, der Justiz oder von einer politischen Struktur mit jenem politisch verantwortlichen Präsidenten und einem zuständigen Minister an der Spitze.

> Die oberste Exekutive, wiederum von Ministern geführt, sollte im Normalfall der Justiz dienen, deren Gesetze ausführen und Urteile umsetzen.
Die politische Linienführung setzt sich organisatorisch nach weiter unten fort.

> Sie mündet schließlich bei den Direktoren verschiedener, instrumentalisierter, ausführender Organe.
Einer davon, auf niederer Ebene, ist der Gefängnisdirektor, der die Oberaufsicht über eines oder mehrere Gefängnisse hat.

> Darunter tummeln sich die Abteilungsleiter oder auch Traktleiter, die für ihren jeweiligen Bereich zuständig sind.

> Am untersten Ende dieser Befehlsstrukturen finden wir die Wärter.

Deren Funktion besteht einfach darin, auf die Gefangenen aufzupassen.

> Schließlich bedarf es noch, ganz wichtig, der Gefangenen, gleich welcher Art, um dem ganzen System einen irgendwie gearteten Sinn zu verleihen.

> Unter diesen Gefangenen bilden sich mit der Zeit Freundschaften und Cliquen heraus.
Diese sondern sich von den übrigen ab, von den Einzelgängern oder von anderen Gruppierungen, und entwickeln eigene Gesetzmäßigkeiten.

Beziehen wir diese vereinfachte Art und Weise der Betrachtung nun ebenso einfach auf den Planeten Erde.

Was finden wir von unten nach oben?

> Uns, die Gefangenen!

Wir bilden ebenfalls Freundschaften und Cliquen, ebenso wie Partnerschaften, Familien, Sippen und dergleichen.
Wir schließen uns im Miteinander oder aber im Gegeneinander zusammen, sowohl politisch, als auch wirtschaftlich, religiös oder …,
dies Zusammenschlüsse entwickeln sich zu noch größeren Gruppierungen, zu Firmen oder zu Vereinen, auch zu Kirchen, …,
aus vielerlei Ortsverbänden und aus Landsmannschaften werden darüber hinaus immer wieder einmal ganze Staaten geformt.

> Wer sind nun unsere Wärter?

Vermutlich erst einmal die eher vordergründig agierenden Marionetten, Puppen oder Galionsfiguren einer hierarchischen Befehlsstruktur.

Es sind all die Staatsoberhäupter und Minister, die Chefs von Sicherheits- und Polizeidiensten, es sind Kirchenoberste sowie die Lenker und die aktiven Macher bei psychiatrischen Psycho- und Pharmaunternehmen, auch sind es Konzernbosse und ähnliche, nicht zu vergessen die Medienmogule.

Dies sind die Strohmänner, die Frontleute denen man von noch weiter oben auf die Finger klopft, wenn irgendetwas nicht so läuft wie es sein soll.

Insbesondere die führenden, politisch zielgerichteten Herrschaften machtvoller Religionsgruppierungen und neuerdings der organisierten Psychiatrie- und Psychobranchen streben immer wieder einmal danach vor allen anderen die Weltherrschaft zu übernehmen.

So haben es sich eben diese Spezialisten in Sachen Psycho seit dem Jahr 1944 zum erklärten Ziel gesetzt, weltweit die sieben Machtsäulen der Gesellschaft zu unterwandern.

Deshalb finden wir zunehmend, bereits in so ziemlich all den Bereichen dieser sieben tragenden Säulen, trickreiche Psychospezialisten mit Propaganda- und Marketingerfahrung.

Die sieben Säulen der Macht sind:

1) Alle Religionen
2) Politik- und Staatsführung
3) die Bildungseinrichtungen
4) das Rechtssystem
5) die Wissenschaften
6) das Gesundheitswesen sowie
7) das Wirtschafts- und Finanzwesen.

Übergreifend bringen sich ebenso Medienvertreter und Meinungsmacher in all diese sieben Säulen ein.

Diese Infiltrationsprofis nutzen Psychos besonders gerne, mit ihnen arbeiten sie entweder offen oder unterschwellig zusammen.

> Wo finden wir die Abteilungs- oder Traktleiter?

Wie teilt man den ganzen Planeten überhaupt in Trakte ein?
Hier sind die Fäden schon weitaus feiner und undurchsichtiger gesponnen. Diejenigen, die aus dem Hintergrund heraus die Fäden in den Händen halten, sind nur ein paar Leute.

Es sind, wie schon von anderen Seiten öfter erwähnt, genau genommen zwölf Familienclans mit fast unbegrenzten Geldmitteln. Sie teilen sich die Erde ein und achten heimtückisch darauf, dass wir Menschlein nicht aus dem Ruder laufen.

Diese berühmt berüchtigten Familienclans sind auch als die Illuminaten bekannten.

Sie werden vom Forscher Fritz Springmeier, der sich seit vielen Jahren sehr intensiv mit dieser Thematik auseinander gesetzt hat, folgendermaßen benannt:

Rothschild, Warburg, Rockefeller, Du Pont, Russell, Bundy, Onassis, Kennedy, Collins, Freemann, Astor und Li.

Die Angehörigen dieser zwölf Familien heiraten, nach seiner Erkenntnis, bewusst untereinander, um die Blutlinien der Leitungsriege möglichst rein zu halten.

> Dem Direktorium des Gefängnisplaneten Erde kommen wir insbesondere auf die Spur, wenn wir die Clans in ihrem Über-Unterordnungsaufbau durchleuchten.

Wer ist demzufolge der Boss auf diesem Planeten? Offensichtlich ist wohl die Familie Rothschild die mächtigste unter all den Clans.

Dies bestätigt auch Fritz Springmeier, der herausgefunden hat, dass sich die Rothschilds an der Spitze der Illuminaten-Pyramide befinden. Allerdings steht ihnen der Clan des Finanzriesen Rockefeller kaum nach.

Die Mitglieder der Clans unterliegen übrigens, genau wie wir alle, ebenso den genannten Einpflanzungen und Vorgaben. Auch hier herrscht Krieg im Familien-System. Die Mitglieder der Clans streiten miteinander, genauso wie die Clans gegeneinander um die Vorherrschaft in dem System der Erde ringen.

Schließlich sind selbst deren menschliche Mitglieder schon mehrmals in die Fallen gezogen worden, wurden in Verwirrung gesetzt und dann entsprechend für ihre Aufgaben programmiert.

> Der nächste Schritt führt uns vom Planeten fort.

Die bislang aufgezeigten Personen und die Gruppierungen gehören, genau wie wir alle, lediglich zum inneren Bereich des Gefängnisses.

Sogar die vorgeblich machtvollen Clans der Direktorien unterliegen noch immer den gleichen „klein machenden" und „klein haltenden" Faktoren wie alle Menschen.

Auch sie gehen, wie bereits erwähnt, nach ihrem körperlichen Ableben ins Licht und werden damit durch das Fallensystem geschleust, hin zur wirr machenden Venusstation.

Sie genießen lediglich, während ihres immer noch kurzen Erdenlebens, einige Privilegien mehr.

Die der Erde nächste, ehemals bemannte Station der Kabarer, finden wir auf der Rückseite des Mondes.

Dort befindet sich noch immer der Außenposten des Verbundes von Kabar. Von dort aus wird automatisiert gesteuert. Alle Vorgänge im Sol-System werden überwacht.

Die als eine Art Justiz verurteilenden, damit die verantwortlichen Initiatoren des Gefängnisplaneten, sind die Beherrscher von Kabar.

Wie bereits beschrieben handelt es sich hierbei um die Herrscher eines Verbundes von 263 Sonnensystemen in dieser unserer Galaxis, genannt Milchstraße.

Deren Bestreben ist es nach wie vor: Uns Atalanter auf gar keinen Fall wieder zu unserer alten Größe und Macht aufsteigen zu lassen!

Diese Burschen haben offenbar eine fürchterliche Angst vor uns und unseren uralten, ursprünglichen Fähigkeiten.

Auch erschreckt sie sehr, dass wir uns womöglich wieder einmal an ihnen rächen könnten.
Dies entspricht, nach unserem Erkenntnisstand, genau der Reflexion ihrer eigenen Denkweise.

Der Weg hinaus!

Mit der geistigen Möglichkeit der Spirituellen Rückführungen sind wir alle in der Lage, die Situation auf Planet Erde zu erkennen. Auch Lösungswege können wir dadurch beschreiten.

Insbesondere die Druiden des TAO können jedermann dabei helfen.

Damit können wir sowohl unsere eigentliche, enorme Größe und die Machtfülle als Geistige Wesenheiten wiederfinden, als auch dem irdischen Gefängnis ein Schnippchen schlagen.

Die ruhig lauernden Fallen werden nur wirksam, wenn wir sterben und unsere Körper verlassen müssen. Der Tod im und um das System der Erde, auf ihr und darum herum, ruft diese Fallen auf den Plan.

Wir als TAO-Seelen, insbesondere mitsamt dem von uns selbstbestimmt geschaffenen Verstand, werden zu ihren willenlosen Opfern.

Würde es uns also gelingen, mit rein technischen Mitteln das Sonnensystem zu verlassen, weit über die Bahn des Pluto hinaus zu gelangen, könnten wir dieses tückische Gefängnis auch per Körper vollständig verlassen.

Je länger wir auf diesem Gefängnisplaneten schon gefangen waren, desto öfter starben wir hier. Wir wurden immer wieder eingefangen, in der automatisch arbeitenden Zentralstation auf Planet Venus verwirbelt und verwirrt.

Manche von uns konnten sich tatsächlich den Einflüssen der vielfältigen Fallen eine Zeit lang widersetzen.

Diese Wesenheiten sprangen entweder einfach bewusst von Körper zu Körper - Mensch, Tier oder Pflanze - oder sie kümmerten sich als reine Geistwesen lange Zeit um Berge, Täler, Quellen, Seen oder dergleichen.

Wieder andere suchten das herrliche, so genannte Jenseits auf, das etliche sich in geistiger Übereinstimmung erschaffen hatten.
Dabei handelt es sich um eine der Parallelwelten, die besonders fähige Wesen ausdenken und dann verwirklichen konnten.

Mit dieser Hilfestellung verminderten speziell diese TAO-Geister wesentlich die Anzahl der geistig verwirrenden Aktionen des Systems.

Mit Hilfe Spiritueller Rückführungen können wir, die Druiden des TAO, heute unter anderem auch die geistig und körperlich schmerzhaften Verluste dauerhaft ausgleichen, die das verrückt machende System des Gefängnisplaneten unseren Mitmenschen angetan hat.
Wirrnis wird beseitigt und geistige Fluchtwelten werden dann entweder leichter zugänglich oder gänzlich überflüssig.

Negative Emotionen, wie tieftonige Trauer, ausgeprägte Lebensängste, chronisch gewordene Schmerzzustände, unkontrollierbare Wut, lassen sich stabil entladen bis ganz beseitigen.

Positives Denken setzt ein. Es wird gestärkt und führt dann zu positivem Handeln.

Mit den Spirituellen Rückführungen sind wir tatsächlich in der Lage, jene uralten Fähigkeiten, die uns Geistigen Wesen eigen sind, zu rehabilitieren.
Es gelingt dadurch, die nun nicht mehr Gefangenen, aus sich selbst heraus, wieder größer und stärker werden zu lassen.

Die Wirkungsweisen von Spirituellen Rückführungen erstrecken sich nicht nur auf das eine, jetzige, körperlich erfahrbare Leben, sondern auch auf alle noch nachfolgenden Lebenszyklen.
Jede Spirituelle Rückführung führt Geistige Wesen ein Stück weiter voran.
Der begehbare Pfad, aus aus dem System des Gefängnisses heraus, wird immer breiter.

Ausschließlich indem wir uns geistig über die Falle zu stellen vermögen, indem wir unsere wahre geistige Größe erkennen und einnehmen können, wachsen wir sogar über die Maschinerie des Fallensystems hinaus.

Wir, Göttlich Geistiges TAO, als die Person selbst, die Seele, das „Ich bin" oder wie man uns noch bezeichnen mag, haben die Macht einer jeden Falle zu trotzen, uns einfach geistig darüber zu stellen.
Wir verlieren lediglich, wenn wir uns selbst winziger machen oder damit übereinstimmen, dass wir klein sein sollen.

Schließlich sollte uns eindeutig klar sein: Wir, als TAO-Seele, sind kein Bestandteil dieses physikalischen Universum.

Niemand und nichts kann uns weder krank machen noch als krank abstempeln, außer wir stimmen mit Krankheit überein.

Wir können außerdem auch nicht sterben. Lediglich unsere Körpereinheiten sterben und lassen oftmals ihr Leben.

Für uns TAO-Seelen gelten also weder die Einengungen des Gefängnisplaneten noch die engen Grenzen von Zeit und Raum!

Planet der Hoffnung

„Hoffnung ist nicht die Überzeugung, dass etwas gut ausgeht, sondern die Gewissheit, dass etwas Sinn hat, egal wie es ausgeht."

Václav Havel

Wie wir mittlerweile gesehen haben, ist unser Planet Erde ein ganz besonderer Ort.
Hier ist offenbar der wichtigste Gefängnisplanet der riesigen und mächtigen galaktischen Konföderation von Kabar.

Wir, die vor längerer Zeit geflohenen oder ausgewanderten Atalanter, wurden hinterhältig, vor etwa 13.000 Jahren hiesiger Zeitrechnung, regelrecht in Grund und Boden gestampft.
Unser Kontinent Atlantis, das Klein-Atalant, ging auf einen Schlag unter, wurde in die Tiefen des Atlantik versenkt.

Seitdem wirken die technischen Einrichtungen der außerirdischen Möchtegern-Herrenrasse, jener überwiegend ebenfalls menschenähnlichen Kabarer. Auf die freiwerdenden Seelen lauern ihre Fangstationen.
Ihre Programme gelten nur für alle individuellen Seelenaspekte, sobald sie zumindest entfernt eine Art von menschlicher Intelligenz-Signatur tragen.

Die Tiere sind davon nicht betroffen. Tier werden nämlich zumeist von einer oder mehreren Gemeinschaftsseelen begleitet. Dies finden wir besonders bei den Völkern von Bienen oder von Ameisen.

Aus dem Wissen von Spirituellen Rückführungen finden wir dies auch und sogar bei Hunderassen oder bei noch größeren Tieren, die weitgehend geistig miteinander in Verbindung stehen.

Nur gelegentlich übernehmen Menschliche auch einmal ein Tier.

Wer also auf diesem Planeten sowie im gesamten Sonnensystem stirbt und im Tode seinen physischen Körper verlässt ist mehr als nur in Gefahr.

Irrlichter und Irrwesen und Irrklänge und weitere Irrungen verführen dazu, dem System des Gefängnisses auf den Leim zu gehen.

Dennoch:

Die Erde ist ebenso der besondere Ort für die Hoffnung, ein Hoffnungsplanet, für die Galaxis sowie für das gesamte Universum.

Wir stehen nämlich alle miteinander in Verbindung. Diese Verknüpfung ergibt sich nicht nur unter karmischen Gesichtspunkten. Weiter hinaus sind wir im kosmischen Feld sehr eng beieinander.

Dadurch bewirken wir in die Weite des Universum hinaus etwas ähnliches wie in der Umgebung, in der wir uns gerade befinden. Jeglicher Gedanke hier wirkt auch nach draußen.

Unser aller Verpflichtung besteht nun einfach vorrangig darin, das enge Joch dieses Gefängnisses, sein System und seine Strukturen, mit alle Macht abzuschütteln.

Wir können hier nur solange an den Ort gefesselt bleiben, so lange wir selbst mit unserem Zustand als klein gemachte Menschwesen oder dergleichen übereinstimmen.

Sobald wir uns transformieren, hin zum Bewusstsein Geistige Wesen zu sein, sind wir fähig uns über das Gefängnissystem zu erheben, es letztlich auszuheben.

Wir sprengen selbst die Ketten unserer Gefangenschaft und helfen so auch anderen, dort draußen in den Weiten des All ihre Freiheit wieder zu erlangen.

Die folgenden 10 Schritte führen uns in die Freiheit:

01) Der erste und wichtigste Schritt ist die **Erkenntnis**, also das Erkennen sowie die Anerkennung unseres Zustandes.

02) Der zweite Schritt ist ein **Postulat**, ein Willensakt diesem Zustand zu entrinnen.
In seiner besonders wirkungsvollen Gegenwartsgeltung sieht man bereits, dass man dem Zustand entronnen ist.

03) Der dritte Schritt besteht in der **Suche** nach beziehungsweise im **Finden** von entsprechenden Möglichkeiten.

04) Als vierten Schritt sehe ich das **Aussortieren**.
Was bringt uns unserem Ziel näher oder was leitet erneut in die Irre!?

05) Im fünften Schritt können wir brauchbare Möglichkeiten **Kennenlernen**, mit dem wir dem Fallensystem ein Schnippchen schlagen.

06) Beim sechsten Schritt müssen wir unbedingt auch **andere informieren**, über dieses kennengelernte Wissen und Können.

07) Der siebte Schritt beinhaltet den Übergang auf Gradienten, nämlich die **Transformation zum Geistigen Wesen**

08) Der achte Schritt befähigt dazu, durch die Anwendung von Wissen und Methoden oder durch die Verbreitung derselben, **auch anderen Menschwesen die Transformation zu ermöglichen**.

09) Während des neunten Schrittes **vervielfachen wir uns**.
Als die bereits weitgehend Befreiten tragen alle dazu bei, das System immer mehr unwirksam zu machen.

10) Schon im Laufe der zehn Schritte **tragen wir unser aller Befähigungen über den Planeten hinaus**, in die Galaxis und in die Weiten des Universum.

Verschiedene Meditationsformen sind erste, speziell wirkende Ansätze zu fortgesetzten Verbesserungen unserer Zustände als Menschwesen.

Das sehr hohe Ziel Spiritueller Rückführungen geht noch weiter darüber hinaus.
Deren Zielsetzung besteht tatsächlich in der Transformation zum Geistigen Sein, zu TAO, so schnell wie möglich voranzubringen.
Weiterhin streben wir damit die Erweiterung der endlichen Erfahrungswelt an, die Transzendenz zum Göttlichen Ursprung, zum Göttlichen TAO.

Zum Glück:
Wir sind bei unserem Bestreben zur Befreiung nicht auf uns ganz alleine gestellt.
Wie einige von uns sicher schon feststellen durften, haben wir die Unterstützung aus dem Geistigen Kosmos.

Als TAO, ursprüngliche Geistige Wesen, die wir noch immer sind, genießen wir, über Zeit und Raum hinweg, den Kontakt sowohl zum Göttlichen TAO-Ursprung als auch zum höheren geistigen Selbst. Andere würden dazu Über-Ich oder dergleichen sagen.

Weitere große, freie Geistwesen stehen uns bei. Dies sind alte Wesenheiten aus den Anfängen der Erschaffung des Universum oder deren später geschaffenen, nachfolgenden Aspekte.
Wir bezeichnen sie gerne auch als Engel, was nicht für alle wahr ist.

Sie alle sind auch nicht notwendigerweise an Körpereinheiten gebunden, im Gegensatz zu uns Menschen.

Außerdem umgibt uns eine ganze Heerschar von nachgeordneten Engelswesen.
Auch diese sind im Großen und Ganzen körperlose Wesenheiten. Manchmal sind es aber einfach Menschen aus unserer Umgebung, die sich uns zugeordnet haben.

Die Aufgaben aller Engel oder dergleichen bestehen darin uns zu unterstützen. Dies bezieht sich auf unser tägliches, hiesiges Dasein, ebenso wie auf den Weg in die Freiheit.

<u>Aber Achtung</u>: Vergewissere Dich in aller Ruhe, ob sie Dir wirklich Gutes wollen. Es gibt nämlich durchaus auch dämonische Wesenheit die sich gerne als Engel ausgeben und in Wahrheit eher böswillig wirken.

Möglicherweise wirken ebenso hilfreich die wahrhaftig „Aufgestiegenen Meister" mit, bei unserem Erkennen der Fallen und helfen bei deren Neutralisierung.
Diese Meister sind entweder Wesen von der Erde, die es schon geschafft haben das Fallensystem auszutricksen, oder solche von außerhalb unseres Planeten.

Die Wirklichkeit unseres planetaren Daseins konnten schon etliche meiner Rat- und Hilfesuchenden im Laufe von Spirituellen Rückführungen erkennen.

Allerdings verbirgt sich die Wahrheit über den Gefängnisplaneten hinter ganz vielen, verschiedenartigen Masken, die unserem Verstand vorgespiegelt werden.

Im Anschluss lege ich nochmals dar, wie sich dieses ausgeklügelte Fallensystem unserer irdischen TAO-Seelenaspekte bemächtigt, beziehungsweise unseres nun doch nicht analytisch so tollen, leider verletzlichen Verstandes.

Also nochmals! Solltest Du irgendwann Deinen derzeitigen Körper verlassen:

> Lasse Dich nicht von himmlischen Sphärenklängen anziehen!

> Misstraue den engelsgleichen Gestalten, speziell im Weltall um die Erde!

> Misstraue vorgespiegelten alten Meistern oder den Ahnen und dergleichen!

> Gehe technischem Schnickschnack konsequent aus dem Weg!

> Und für uns vorgeprägte Erdenbewohner ganz entscheidend:

Vermeide anziehendes Licht!

Nicht, dass Du nicht wert wärst dem Lichte nahe zu sein. Nein, nur einfach: Das Licht, die Musik, prächtige Gestalten und das Thema Technik werden gezielt als Fallen missbraucht.

Dir, uns allen, soll der Geist (hier unser Verstand) verwirrt und die Erinnerung an frühere Leben extrem erschwert oder völlig unmöglich gemacht werden.

Mit dieser geistigen Verwirbelung im Gepäck werden wir, unmittelbar nach dem Durchgang durch die Zentraleinheit auf der Venus, wieder in ein vom Vergessen geprägtes, irdisches, neuerlich körperliches Leben ausgesetzt.

Deshalb abermals:
Ruhe Dich also lieber auf irgendeiner Bergspitze, bei einem Baum, an einem See, an einer Quelle oder dergleichen aus.

Oder, wenn Du es gar nicht lassen kannst, schnappe Dir, ohne irgendwelche Umwege, ein frisches, noch ungeborenes Lebewesen (muss nicht unbedingt gleich ein Mensch sein) und:

Starte neu durch!

Wenn Du es vom Bewusstseinszustand her möglich machen kannst, so suche Dir selbst die Umgebung Deiner Wiedergeburt aus.

Werde Dir nur erst einmal klar:

Habe Geduld. Überstürze nichts. Eile mit Weile!

Du verfügst über alle Zeit dieses Universum, sobald Du Deinen Körper erst einmal abgelegt hast.

TAO das Göttliche und wir, TAO das Geistige, sind immer und überall eins.

Jedes von uns TAO-Wesen lebt sein Dasein, nur **ein einziges Dasein** seit unglaublich langer Zeit, lediglich in wechselnden Körpern.

Der übergeordnete Sinn dieses ewigen Daseins, besteht einfach darin, das "Große Spiel" zu spielen, um dem Göttlichen TAO Informationen zuzuspielen.

Über die Zeiten hin, haben <u>wir selbst</u> uns auf das "Rad des Lebens" geflochten.

Seitdem erleben wir in jedem Abschnitt von: Geburt, Leben, Sterben und Tod, genau den gehaltvollen Sinn, den wir selbst diesem jeweiligen Teilbereich des Erlebens geben, bewusst oder nicht bewusst.

Als TAO-Seele, die wir sind (nicht haben), sollten wir, sowohl zu jeder Zeit als auch an jedem Ort, bestrebt sein, uns gegenseitig zu helfen.

Denn nur im Miteinander sowie im Füreinander, ja selbst im fairen Gegeneinander, erlangen wir die Meisterschaft beim "Großen Spiel".

Das schon seit ewigen Zeiten übergeordnete Ziel heißt:

Rückkehr zum Ursprung.

TAO, der Göttliche Ursprung, erwartet uns !!!

Spirituelle Rückführungen

Liebe Freunde, um es mit Goethe zu sagen:

"Es war, als wenn meine Seele
ohne Gesellschaft des Körpers dachte,
sie sah den Körper selbst als ein
ihr fremdes Wesen an,
wie man etwa ein Kleid ansieht."

Johann Wolfgang von Goethe
in Wilhelm Meisters Lehrjahre VI

Und Bischof Gregor von Nazianz (* 330; † 390) fragte:

„Meine Seele, was denn bist du
und woher gekommen bist du?
Wer hat dieses Leibes Last
dir aufgelegt?
Tu kund mir, welche Macht ist's,
die dich band an dieses Lebens Ketten?
Wie bist Du, der Hauch an diesen
Körper, an den Stoff
der Geist gebunden?"

Um dies richtig und vollständig nachvollziehen zu können solltest Du unbedingt an den von Spiritualität geprägten Rückführungen teilnehmen.

Das ist meine persönliche Überzeugung!

Ich wäre nicht Spiritueller Rückführer, wenn mir nicht am Herzen liegen würde, so vielen Menschen wie nur möglich die Erkenntnisse und den Wissensschatz aus Spirituellen Rückführungen in ihrem Leben zugänglich zu machen.

Deshalb, schau Dir einfach mal die eher vordergründigen **Zielsetzungen** von Spiritueller Rückführung an:

> Das Lösen von aktuellen körperlichen oder psychischen sowie sozialen Problemstellungen.

> Beseitigung von Konflikten mit Partnern und/oder anderen Personen.

> Das Beheben existenzieller, wie z.B. beruflicher Schwierigkeiten.

> Befreiung von Ängsten, Zwängen, Verlusten, schmerzlichen Empfindungen.

Dies alles geschieht nicht im herkömmlichen oder gar im medizinischen Sinne sondern durch die Person selbst.

Jedermann aktiviert seine Selbstheilungskräfte selbst und macht sich seine Blockaden bewusst, um sie dann zu lösen.

Traumatisch dramatisierte Erlebnisse (besonders aus früheren Leben) werden von ihr selbst aufgearbeitet und alte, sehr alte Verhaltensmuster werden erkannt und losgelassen.

Das Ziel lässt sich noch einfacher und präziser fassen:
Du fühlst Dich gelöst, befreit und kraftvoll.

Dies alles, das betone ich nochmals, ist auf keinen Fall unter medizinischen Gesichtspunkten zu betrachten. Heilung muss immer ganzheitlich gesehen werden.
So hat sie im letztlichen Ausmaß mit Heiligung im spirituellen Sinne zu tun.

Oder, wenn wir es dennoch auf das Biologische, das Chemische oder das energetisch Physikalische reduziert lassen, wird angestrebt, ein harmonisches Fließen von Energie herbeizuführen, um es dann zu stabilisieren.
Der beständig strömende Energiefluss bildet die Grundvoraussetzung für Lebendigkeit und gesundes Wohlbefinden.
Die Spirituellen Rückführungen sorgen dafür, dass die im Strom der Zeit hängen gebliebenen Energiepotenziale abgelöst werden. Dadurch kommen sie wieder zur Gegenwart und stehen der Person hier zusätzlich zur Verfügung.

Dir, den Menschen in Deiner Umgebung und darüber hinaus, der ganzen Menschheit, wäre damit enorm geholfen.
Dies gilt sowohl für jetzt als auch für die Zukunft, für alle noch folgenden Leben.

Verstehst Du nun, warum ich persönlich für die Spirituelle Rückführung plädiere?

Über den Autor:

Günter Karl Skwara, *19.07.1952

Während seiner vielfältigen beruflichen Tätigkeiten erlangte er Einblicke hinter die Kulissen von Betriebs- und Volkswirtschaft. Ihm offenbarten sich zudem die sozialen Zusammenhänge, mit all ihren Ungerechtigkeiten und Abgründen.

Bei seinem Aufenthalt in Frankreich (1991 bis 1992) eignete er sich verschiedenes Wissen und Fähigkeiten an. Diese konnte er dann auch in Deutschland nutzen. Er wurde Heiler von Morhange genannt und anerkannt als "Meister des Wandels" (master of change).

Seine Absicht besteht seitdem darin, Menschen aus dramatisch verfestigten Problemstellungen heraus zu helfen (physischer, psychischer sowie sozialer Art). Als guter Zuhörer entlastet er, mittels Spiritueller Rückführungen, die schwierigen Situationen seiner Rat- und Hilfesuchenden.

Mit leichter Hand führt er sie zu eigenständig gefundenen Lösungswegen.

**Er ist Begleiter auf dem Pfad
zu Wohlbefinden, Zufriedenheit
und GlücklichSein.**

Günter Skwara

Spiritueller Rückführer

Meditationsbegleiter

Berater für Mentale Kommunikation

> Spirituelle Rückführung
> Finden von Ursachen, Aufarbeiten und Bereinigen alter Ereignisse, Rehabilitation und Mobilisierung von Kreativität, (Los)Lösen belastender karmischer Verstrickungen und mehr. Transformation vom Menschsein zu TAO, dem Geistigen Wesen.

> Mentale Kommunikation
> Die Magie effektiver, mentaler Kommunikation ist der Königsweg, zur Lösung aller, von Menschen inszenierter, Probleme. Bestandteile des Magischen Quadrates für Verstehen dienen als Leitgedanken.

> Ganzheitlicher Energiefeldausgleich
> Aus dem Gleichgewicht geratene Lebensenergie wird wieder stabilisiert und harmonisiert > für mehr Ausgeglichenheit, Stabilität und Balance im Dasein.

> Spiegelmeditation
> Selbsthilfeprogramm: Erschließt Euch den Weg zum Selbst (zu Selbsterkenntnis, Selbstbestimmung, Selbstständigkeit). Taucht ein und rehabilitiert uralte Fähigkeiten!

Kontakt zum Start ins Abenteuer:

rueckfuehrer@googlemail.com

www.rueckfuehrer.de
www.studio-chi.de